U0926460

Guide for Design and Construction of Long Span Prestressed Concrete Highway Bridges

大跨径预应力混凝土梁桥设计施工技术指南

张喜刚　等编著

人民交通出版社

图书在版编目(CIP)数据

大跨径预应力混凝土梁桥设计施工技术指南/张喜刚等编著. —北京:人民交通出版社,2012.6

ISBN 978-7-114-09811-6

Ⅰ.①大… Ⅱ.①张… Ⅲ.①长跨桥—预应力混凝土桥－桥梁设计－指南②长跨桥－预应力混凝土桥－桥梁施工－指南 Ⅳ.①U448.35-62

中国版本图书馆CIP数据核字(2012)第108229号

大跨径预应力混凝土梁桥

设计施工技术指南

张喜刚 等编著

人民交通出版社出版发行

(100011 北京市朝阳区安定门外外馆斜街3号)

各地新华书店经销

北京密东印刷有限公司印刷

开本:880×1230 1/16 印张:9.25 字数:200千

2012年6月 第1版

2012年6月 第1次印刷

定价:50.00元

ISBN 978-7-114-09811-6

前　言

预应力混凝土梁桥是世界上应用最为广泛的一种桥梁类型，随着高强混凝土和高强钢材的不断发展，大跨径预应力混凝土连续梁桥和连续刚构桥也得到了长足的进步，在跨越大多数水道和山区的桥梁建设中发挥了重要的作用。我本人和所在单位从 20 世纪 80 年代开始设计大跨径预应力混凝土梁桥。所设计的多座桥梁成为当时该类桥梁的代表。近年来的工程实践和调查表明，大跨径预应力混凝土连续梁桥和连续刚构桥随着使用的范围越来越广、跨径越来越大、运营环境越来越复杂（交通量越来越大、汽车荷载越来越重、极端气候现象常有出现），也出现了一些普遍且突出的病害问题，如结构开裂、跨中下挠等。其中，部分桥梁开始加固，部分桥梁限制使用，还有部分桥梁面临拆除或突然垮塌的风险。

2008 年建成的苏通大桥辅航道桥也采用了主跨 268m 的预应力混凝土连续刚构桥。为了有效、合理地解决大跨径梁桥开裂、下挠等主要病害，在设计和建设期间，开展了一系列针对性的专题研究，并以国家和行业标准规范为基础，参考国内外相关行业、相关专业的标准规范和科研成果，编写了《苏通长江公路大桥跨江大桥工程设计指南》，经审查后，作为指导苏通大桥设计的主要文件之一。

交通部在 2007 年下达了《大跨径预应力混凝土梁桥设计施工技术指南》的编制任务，旨在总结行业多年的工程实践经验、苏通大桥科研项目和建设实践的成果，针对大跨径预应力混凝土梁桥开裂、下挠等主要病害，提出有效的构造和控制措施，从设计和施工两大方面提高工程质量，解决桥梁开裂、下挠等病害早发问题，延长桥梁使用寿命。

由中交公路规划设计院有限公司负责，联合中交第二航务工程局有限公司、同济大学、交通运输部公路科学研究院、长安大学、中交第二公路工程局有限公司、苏通大桥建设指挥部等共同参加完成了此指南的编写工作。在编写过程中，以苏通大桥辅航道桥的工程经验和科研成果为基础，吸取了近年来国内公路大跨径预应力混凝土梁桥设计和施工中的研究成果与经验，参考、借鉴了国际先进的标准规范，与国内相关规范作了比较和协调，并通过多种方式广泛征求了设计、施工、建设、管理等有关单位和专家的意见，经过反复讨论、修改，形成定稿。

本指南共 21 章和 8 个附录，对大跨径预应力混凝土梁桥设计、施工中的有关技术要求进行了规定。本指南采用了和标准规范一样的编写体例，附有条文说明，以方便设计人员和工程人员阅读和理解。本指南可看作是大跨径预应力混凝土梁桥设计施工的指导手册。

在本指南编写过程中，赵君黎、孔海霞、冯良平、刘高、徐栋、王国亮、翟世鸿、任回兴、吴寿昌、冯莨、许航、谢俊、贺茂生、黎立新、王春生、张朝贵、翟慧娜、刘晓娣、李扬海、郑绍珪、刘泽英等也参加了部分内容的编写、审阅和统稿工作。

本指南的编写得到了行业内外许多专家、学者的指导和帮助，指南编写按照交通运输部标准规范的管理模式进行管理，并经交通运输部公路局同意后按照指南专著出版，在此一并感谢！

为提高本指南的质量和适用性，请有关单位在使用过程中，随时将问题和建议告知主编单位（地址：北京市德胜门外大街85号德胜国际中心A座305室，邮编：100088，电话：010-82017041，邮箱：sssohpdi@163.com），以便再版时参考。

张喜刚

2012年4月

目　　录

1　总　　则

1.0.1　为使公路大跨径预应力混凝土梁桥的设计和施工符合安全可靠、适用耐久、技术先进、经济合理、环保节能的要求，在《公路桥涵设计通用规范》(JTG D60—2004)、《公路钢筋混凝土及预应力混凝土桥涵设计规范》(JTG D62—2004)和《公路桥涵施工技术规范》(JTG/T F50—2011)的基础上，制定本指南。

1.0.2　本指南适用于跨径100m及以上的公路预应力混凝土连续梁桥及连续刚构桥的设计和施工。上部结构采用悬臂浇筑法施工。连续刚构桥主跨大于270m时，仅供参考；更大跨径的桥梁宜开展专题研究。

1.0.3　本指南按照《公路工程结构可靠度设计统一标准》(GB/T 50283—1999)规定的设计原则编制。

1.0.4　公路大跨径预应力混凝土梁桥应根据其所处环境条件进行耐久性设计，主体结构的设计使用年限应为100年。

1.0.5　公路大跨径预应力混凝土梁桥应按以下两类极限状态进行设计：

1　承载能力极限状态：对应于桥梁及其构件达到最大承载能力或出现不适于继续承载的变形或变位的状态。

2　正常使用极限状态：对应于桥梁及其构件达到正常使用或耐久性的某项限值的状态。

1.0.6　公路大跨径预应力混凝土梁桥应考虑以下三种设计状况及其相应的极限状态设计：

1　持久状况：桥梁建成后承受自重、车辆荷载等持续时间很长的状况。该状况桥梁应作承载能力极限状态和正常使用极限状态设计。

2　短暂状况：桥梁施工过程中承受临时性作用(或荷载)的状况。该状况桥梁应作承载能力极限状态设计，必要时才作正常使用极限状态设计。

3　偶然状况：在桥梁使用过程中偶然出现的如罕遇地震的状况。该状况桥梁仅作承载能力极限状态设计。

1.0.7　大跨径梁桥宜根据桥位交通网布局、规划及运输车辆和货物特点，在调研、分析、预测的基础上，提出适合大桥自身需求的设计汽车荷载模型。

1.0.8 桥梁结构的设计和施工质量应分阶段实行严格管理和控制；桥梁的使用应符合设计给定的使用条件，禁止超载、超限车辆通行；使用过程中必须进行定期检查和维护。

1.0.9 大跨径梁桥应按照相关要求开展风险评估和运营期桥梁结构安全监测。

1.0.10 悬浇法施工应进行施工期风险分析并制订专项安全预案。

1.0.11 悬浇施工过程中，必须对悬浇梁段内力及线形进行监控，可通过逐节段调整挂篮立模高程等方法来实现。

1.0.12 按本指南进行设计时，有关作用（或荷载）及其组合应符合现行《公路桥涵设计通用规范》（JTG D60）的规定；材料和工程质量应符合现行《公路工程质量检验评定标准》（JTG F80）、《公路桥涵施工技术规范》（JTG/T F50）的要求。

2 术语和符号

2.1 术 语

2.1.1 极限状态 limit states

整体结构或结构的一部分超过某一特定状态就不能满足设计规定的某一功能要求时，此特定状态为该功能的极限状态。

2.1.2 可靠度 degree of reliability

结构在规定的时间内，在规定的条件下，完成预定功能的概率。

2.1.3 设计基准期 design reference period

在进行结构可靠性分析时，考虑持久设计状况下各项基本变量与时间关系所采用的基准时间参数。

2.1.4 设计状况 design situation

结构从施工到使用的全过程中，代表一定时段的一组物理条件，设计时必须做到使结构在该时段内不超越有关的极限状态。

2.1.5 材料强度标准值 characteristic value of material strength

设计结构构件时采用的材料强度的基本代表值。该值可根据符合规定标准的材料，取其强度概率分布的0.05分位值确定。

2.1.6 材料强度设计值 design value of material strength

材料强度标准值除以材料强度分项系数后的值。

2.1.7 作用 action

施加在结构上的集中力或分布力，如汽车、结构自重等，称为直接作用，也称为荷载；引起结构外加变形或约束变形的原因，如地震、基础不均匀沉降、温度变化等，称为间接作用(不宜称为荷载)。两者统称为作用。

2.1.8 作用效应 effects of actions

结构对所受作用的反应,称为作用效应。如由作用产生的结构或构件的轴向力、弯矩、剪力、应力、裂缝和变形等。

2.1.9 作用标准值 characteristic value of an action

作用的主要代表值。其值可根据设计基准期内最大值概率分布的某一分位值确定。

2.1.10 作用设计值 design value of an action

作用标准值乘以作用分项系数后的值。

2.1.11 作用频遇值 frequent value of an action

结构或构件按正常使用极限状态短期效应组合设计时,采用的一种可变作用代表值,其值可根据任意时点(截口)作用概率分布的0.95分位值确定。

2.1.12 作用效应组合 combination for action effects

结构上几种作用分别产生的效应的随机叠加。

2.1.13 安全等级 safety class

为使桥涵具有合理的安全性,根据桥涵结构破坏所产生后果的严重程度而划分的设计等级。

2.1.14 结构重要性系数 coefficient for importance of a structure

对不同安全等级的结构,为使其具有规定的可靠度而采用的作用效应附加的分项系数。

2.1.15 分项系数 partial safety factor

为保证所设计的结构或构件具有规定的可靠度,在结构极限状态设计表达式中采用的系数。分为作用分项系数和材料分项系数等。

2.1.16 作用短期效应组合 combination for short-term action effects

正常使用极限状态设计时,永久作用标准值与可变作用频遇值效应的组合。其中可变作用频遇值为可变作用标准值与频遇值系数的乘积。

2.1.17 作用长期效应组合 combination for long-term action effects

正常使用极限状态设计时,永久作用标准值与可变作用准永久值效应的组合。其中可变作用准永久值为可变作用标准值与准永久值系数的乘积。

2.1.18 高性能混凝土 high performance concrete

用混凝土的常规材料、常规工艺,在常温下,以低水胶比、大掺量优质掺和料和较严格的质量控制制作的高耐久性、高尺寸稳定性、良好工作性及较高强度的混凝土。

2.1.19 悬浇施工 cast-in-place cantilever construction

从墩顶已经浇筑混凝土的块件两侧开始,使用挂篮在悬臂状态下对称地逐段进行梁段混凝土浇筑,待混凝土达到一定强度后,张拉预应力钢筋,然后前移挂篮、模板等,进行新的梁段施工,使梁体不断伸出接长的一种施工方法。

2.1.20 0号梁段 start element

位于墩顶的一个起始梁段常被称为0号梁段,其长度往往比墩顶顺桥向长度为大,一般采用支架现场浇筑来完成。

2.1.21 挂篮 movable suspended scaffolding

与已成梁段牢固连接并悬出已成梁段的施工操作平台。在挂篮上可以进行模板支、拆,钢筋绑扎,混凝土浇筑和预应力张拉等作业。梁段施工完毕后,挂篮能够前移,开始下一梁段的施工。

2.1.22 托架 corbel

墩顶梁段及附近位置梁段施工,浇筑悬浇部分时利用墩身预埋件与型钢或万能杆件拼制联结而成的支架。

2.1.23 合龙段 closure segment

两悬浇梁段或支架现浇梁段与悬浇梁段在同一跨内最后浇筑,从而使一个桥跨成为整体的梁段。

2.1.24 体系转换 system transition

施工中对双悬臂梁受力体系状态在确保设计线形的前提下转化为连续梁或连续刚构受力体系的过程。

2.2 符 号

2.2.1 材料性能有关符号

C30——表示立方体抗压强度标准值为30MPa的混凝土强度等级;

f_{ck}、f_{cd}——混凝土轴心抗压强度标准值、设计值;

f_{tk}、f_{td}——混凝土轴心抗拉强度标准值、设计值;

f_{sk}、f_{sd}——普通钢筋抗拉强度标准值、设计值;

f_{pk}、f_{pd}——预应力钢筋抗拉强度标准值、设计值;

f'_{sd}、f'_{pd}——普通钢筋、预应力钢筋抗压强度设计值；

f_d——钢材的抗拉、抗压和抗弯强度设计值；

f_{vd}——钢材的抗剪强度设计值；

f_{cd}——钢材的端面承压强度设计值；

E——计算采用的钢绞线弹性模量，或钢材的弹性模量；

E'——实测的钢绞线弹性模量；

E_c——混凝土弹性模量；

E_s——普通钢筋的弹性模量；

E_p——预应力钢筋的弹性模量；

G_c——混凝土剪变模量；

G——钢材的剪切模量；

υ_c——泊松比。

2.2.2 作用效应或作用力有关符号

F——单位长度上每根预应力束产生的径向力；

F_j——第 j 根曲线束的有效预应力；

v_d——构件高度处的设计基准风速；

v_{10}——桥位处基本风速；

v_{s10}——桥位处设计风速；

σ_l——作用（或荷载）短期效应组合下的主拉应力。

2.2.3 几何参数有关符号

b——径向力沿桥纵向的平均分布宽度；

d——静水面到河床顶面的高度；

d_1——静水面到基床顶面的高度；

i——弯曲平面内截面的回转半径；

l——构件支点间长度或计算跨径；

l_0——构件计算长度；

t——板厚度；

A_g——使用或极限阶段抗剪钢筋面积；

A_{gmin}——最小抗剪钢筋面积；

A'——实测的钢绞线截面面积；

A——计算采用的钢绞线截面面积；

H——净水面以上波压力为零时的高度或梯度风高度；

L——波长；

P——单位长度上的总波浪力或结构所受的各种作用；

Z——构件的基准高度。

2.2.4 计算系数及其他有关符号

g——重力加速度；

k——地理、地形条件系数；

B——抗弯刚度；

$\overline{T}$——平均周期；

α——梁段之间的相对转角、线性膨胀系数或地表粗糙度系数；

ρ——密度；

γ——水的重度；

r_j——第 j 根曲线束的曲率半径；

μ——配筋率；

Δ——预应力实际伸长量或计算引伸量；

Δ'——修正预应力计算引伸量。

3 设计原则

3.0.1 认真遵守工程建设基本原则，在满足使用功能的前提下，设计力求“安全可靠、适用耐久、技术先进、经济合理、环保节能”，富有时代风貌，要充分体现当今世界现代桥梁建设的新理念、新技术、新水平，并力争技术创新。

3.0.2 注意引进、消化、吸收国内外大跨径预应力混凝土梁桥建设的先进技术和宝贵经验，并有所创新，力争建成技术先进、安全可靠、经久耐用、水平一流的现代化桥梁。

3.0.3 根据桥梁建设条件特点和难点，有针对性地深入开展相应的建设条件专题工作，包括必要的试验研究工作，保证设计基础资料真实、可靠、实用。

3.0.4 始终抓紧、抓好科研工作，紧密结合设计工作需要，合理规划、安排科研项目。选择强有力的科研队伍和先进可靠的设备，对重要的项目必要时应进行校核，为正确决策提供科学依据。

3.0.5 在全面、深入分析建设条件、设计基础资料的基础上，根据各阶段的工作任务和重点，采取多种途径，收集国内外的相关资料，积极学习、借鉴国内外先进经验，结合科研，对重要结构部位，深入研究、全面比选、精心设计。应采用先进的结构分析计算软件，并应进行两个及两个以上不同计算程序的同精度校核。

3.0.6 综合考虑铁路、航运、水利等要求，处理好工程效益和社会效益、工程建设投资和运营管理投资等的关系。

4　设计规范和主要技术标准

4.1　设 计 规 范

4.1.1　设计遵守的主要规范包括:

1　《公路工程技术标准》(JTG B01);
2　《公路工程水文勘测设计规范》(JTG C30);
3　《公路桥涵设计通用规范》(JTG D60);
4　《公路钢筋混凝土及预应力混凝土桥涵设计规范》(JTG D62);
5　《公路桥涵地基与基础设计规范》(JTG D63);
6　《公路工程抗震设计规范》(JTJ 004);
7　《公路建设项目环境影响评价规范》(JTG B03);
8　《公路路线设计规范》(JTG D20);
9　《公路桥涵钢结构及木结构设计规范》(JTJ 025);
10　《公路桥涵施工技术规范》(JTG/T F50);
11　《公路勘测规范》(JTG C10);
12　《公路工程地质勘察规范》(JTG C20);
13　《公路工程质量检验评定标准　第一册　土建工程》(JTG F80/1);
14　《高速公路交通工程及沿线设施设计通用规范》(JTG D80);
15　《公路交通安全设施设计规范》(JTG D81);
16　《公路交通安全设施设计细则》(JTG/T D81);
17　《公路交通安全设施施工技术规范》(JTG F71);
18　《高速公路护栏安全性能评价标准》(JTG/T F83-01);
19　《防波堤设计与施工规范》(JTS 154-1);
20　《通航海轮桥梁通航标准》(JTJ 311);
21　《内河通航标准》(GB 50139);
22　《堤防工程设计规范》(GB 50286);
23　《堤防工程施工规范》(SL 260);
24　《公路桥梁抗风设计规范》(JTG/T D60-01);
25　《公路环境保护设计规范》(JTG B04);
26　《水运工程土工织物应用技术规程》(JTJ/T 239);
27　《公路桥梁抗震设计细则》(JTG/T B02-01);

28 《公路工程结构可靠度设计统一标准》(GB/T 50283)。

上述规范中被列入《工程建设标准强制性条文(公路工程部分)》的条款在设计中必须严格执行。

4.1.2 设计参考的主要规范包括:

1 《Steel, concrete and composite bridges》(BSI,BS5400);

2 《道路桥示方书　同解说》(日本道路协会);

3 《上部构造设计基准·同解说》(日本本州四国联络桥公团);

4 《AASHTO LRFD Bridge Design Specifications》(AASHTO);

5 《Guide Specifications for Design and Construction of Segmental Concrete Bridges》(AASHTO);

6 《预应力混凝土用钢筋》(日本工业标准,JIS G3109);

7 《港口工程质量检验评定标准》(JTJ 221);

8 《海港水文规范》(JTJ 213);

9 《港口工程桩基规范》(JTJ 254);

10 《疏浚工程技术规范》(JTJ 319)。

4.2 主要技术标准

4.2.1 大跨径预应力混凝土梁桥设计文件中应列出以下主要技术标准:

1 公路等级:各等级公路;

2 设计速度:小于或等于120km/h;

3 桥梁设计使用年限:100年;

4 抗震设防标准:按照现行相关规范确定;

5 抗风设计标准:按照现行相关规范确定;

6 设计洪水频率:按照现行相关规范确定;

7 设计通航水位:设计通航水位选取标准见表4.2.1;

表4.2.1 大桥设计通航水位选取标准

项　目	最高设计通航水位	最低设计通航水位
标准	20年一遇	98%保证率

8 设计汽车荷载标准:按照现行规范或专题研究确定;

9 设计船舶撞击力标准:按照现行规范或专题研究确定。

5 设计作用与作用效应组合

5.1 作用及取值

5.1.1 按照现行《公路桥涵设计通用规范》(JTG D60)有关规定,设计中应考虑表5.1.1所列作用,施工作用和需要考虑的特殊作用在本指南的相关部分另行规定。

表5.1.1 设计应考虑的作用

编　号	分　类	名　称
1	永久作用	结构重力
2		预加力
3		土的重力
4		土侧压力
5		混凝土收缩、徐变作用
6		水浮力
7		基础变位作用
8	可变作用	汽车荷载
9		汽车冲击力
10		汽车离心力
11		汽车引起的土侧压力
12		人群荷载
13		汽车制动力
14		风荷载
15		流水压力
16		冰压力
17		波浪力
18		温度作用
19		支座摩阻力
20	偶然作用	船舶撞击作用
21		汽车撞击作用
22		地震作用
23	施工作用	

5.1.2 各类永久作用应按照现行《公路桥涵设计通用规范》(JTG D60)的有关规定计算。

5.1.3 可变作用应按照以下规定计算:

1 汽车荷载:按照现行《公路桥涵设计通用规范》(JTG D60)的有关规定计算,或按经过审批后的专题研究成果计算。

2 风荷载:见本指南"14 抗风设计"。

3 波浪力:可根据以下公式计算或按其他可靠方法进行计算。单位长度上的总波浪力为[按照现行《海港水文规范》(JTJ 213)的规定以直墙式建筑物近似计算]:

$$P = \frac{1}{2}\gamma H^2 + \frac{\gamma HL}{2\pi}\left[\tanh\frac{2\pi d}{L} - \frac{\sinh\frac{2\pi(d-d_1)}{L}}{\cosh\frac{2\pi d}{L}}\right] \quad (5.1.3\text{-}1)$$

$$L = \frac{g\overline{T}^2}{2\pi}\tanh\frac{2\pi d}{L} \quad (5.1.3\text{-}2)$$

式中:P——单位长度上的总波浪力(kN/m);

H——静水面以上波压力强度为零时的高度(m);

L——波长(m);

γ——水的重度(kN/m^3);

d——静水面到河床顶面的高度(m);

d_1——静水面到基床顶面的高度(m);

g——重力加速度(m/s^2);

$\overline{T}$——平均周期(s)。

4 温度作用:按照现行《公路桥涵设计通用规范》(JTG D60)的有关规定计算,也可参照实测值进行修正。

5 其他可变作用按照现行《公路桥涵设计通用规范》(JTG D60)的有关规定计算。

5.1.4 偶然作用应按照以下规定计算:

1 船舶撞击作用:按照现行《公路桥涵设计通用规范》(JTG D60)的有关规定计算,或按经过审批后的专题研究成果计算。

2 汽车撞击作用:按照现行《公路桥涵设计通用规范》(JTG D60)的有关规定计算,或按其他可靠方法、专题研究成果进行计算。

3 地震作用:见本指南"13 抗震设计"。

5.1.5 施工作用根据不同的施工验算工况在相关章节中规定。

5.2 作用效应组合

5.2.1 公路桥梁结构设计应考虑结构上可能同时出现的作用,按承载能力极限状态和正常使用极限状态进行作用效应组合,取其最不利效应组合进行设计。作用效应组合应按照现行《公路桥涵设计通用规范》(JTG D60)的有关规定计算。

5.2.2 施工阶段作用效应的组合,应按计算需要及结构所处条件而定,结构上的施工人员和施工机具设备均应作为临时荷载加以考虑。组合时荷载均采用标准值,且不考虑荷载组合系数。

6 主 要 材 料

6.0.1 大跨径预应力混凝土梁桥上部结构采用的混凝土强度等级不得低于 C40。混凝土材料性能应符合现行《公路钢筋混凝土及预应力混凝土桥涵设计规范》(JTG D62)中相关规定,具体性能指标见表 6.0.1。

表 6.0.1 混凝土材料性能表

主要力学性能 \ 强度等级	C30	C35	C40	C45	C50	C55	C60	C65	C70	C75	C80
轴心抗压强度标准值 f_{ck}(MPa)	20.1	23.4	26.8	29.6	32.4	35.5	38.5	41.5	44.5	47.5	50.2
轴心抗拉强度标准值 f_{tk}(MPa)	2.01	2.20	2.40	2.51	2.65	2.74	2.85	2.93	3.00	3.05	3.10
轴心抗压强度设计值 f_{cd}(MPa)	13.8	16.1	18.4	20.5	22.4	24.4	26.5	28.5	30.5	32.4	34.6
轴心抗拉强度设计值 f_{td}(MPa)	1.39	1.52	1.65	1.74	1.83	1.89	1.96	2.02	2.07	2.10	2.14
弹性模量 E_c(10^4MPa)	3.00	3.15	3.25	3.35	3.45	3.55	3.60	3.65	3.70	3.75	3.80
剪变模量 G_c	$0.4E_c$										
泊松比 υ_c	0.2										

注:C30、C35 混凝土一般仅用于下部结构。

6.0.2 普通钢筋宜采用热轧 HPB235、HPB300、HRB335、HRB400 及 KL400 钢筋,其技术标准应符合现行《钢筋混凝土用钢 第 1 部分:热轧光圆钢筋》(GB 1499.1)及《钢筋混凝土用钢 第 2 部分:热轧带肋钢筋》(GB 1499.2)的规定。具体性能指标见表 6.0.2。

表 6.0.2 普通钢筋材料性能表(MPa)

钢 筋 种 类	抗拉强度标准值 f_{sk}	抗拉强度设计值 f_{sd}	抗压强度设计值 f'_{sd}	弹性模量 E_s
HPB235 $d=6\sim22$	235	195	195	2.1×10^5
HPB300 $d=6\sim22$	300	250	250	
HRB335 $d=6\sim50$	335	280	280	2.0×10^5
HRB400 $d=6\sim50$	400	330	330	
KL400 $d=8\sim40$	400	330	330	

注:表中 d 系指国家标准中的钢筋公称直径,单位 mm。

6.0.3 预应力钢筋应选用钢绞线、钢丝;中、小型构件或竖、横向预应力钢筋,也可选用精轧螺纹钢筋。其抗拉强度设计值 f_{pd}、抗压强度设计值 f'_{pd} 及弹性模量 E_p 应按表 6.0.3 采用。使用环氧涂层钢绞线,其主要力学性能指标应根据可靠试验提供的数据确定。

表 6.0.3　预应力钢筋材料性能表(MPa)

钢筋种类		f_{pd}	f'_{pd}	E_p
钢绞线 1×2(二股) 1×3(三股) 1×7(七股)	f_{pk} = 1 470	1 000	390	1.95×10^5
	f_{pk} = 1 570	1 070		
	f_{pk} = 1 720	1 170		
	f_{pk} = 1 860	1 260		
	f_{pk} = 1 960	1 330		
消除应力光面钢丝和螺旋肋钢丝	f_{pk} = 1 470	1 000	410	2.05×10^5
	f_{pk} = 1 570	1 070		
	f_{pk} = 1 670	1 140		
	f_{pk} = 1 770	1 200		
	f_{pk} = 1 860	1 260		
消除应力刻痕钢丝	f_{pk} = 1 470	1 000	410	2.05×10^5
	f_{pk} = 1 570	1 070		
	f_{pk} = 1 670	1 140		
	f_{pk} = 1 770	1 200		
	f_{pk} = 1 860	1 260		
精轧螺纹钢筋	f_{pk} = 785	650	400	2.0×10^5
	f_{pk} = 830	690		
	f_{pk} = 930	770		
	f_{pk} = 1 030	860		

6.0.4　结构用钢材的化学指标应满足现行《碳素结构钢》(GB/T 700)的要求,其主要物理力学指标见表 6.0.4-1 和表 6.0.4-2。

表 6.0.4-1　钢材的强度设计值(MPa)

钢材		抗拉、抗压和抗弯	抗剪	端面承压(刨平顶紧)
牌号	厚度(mm)	f_d	f_{vd}	f_{cd}
Q235 钢	≤16	190	110	280
	16~40	180	105	270
	40~100	170	100	255
Q345 钢	≤16	275	160	415
	16~40	270	155	400
	40~63	260	150	390
	63~80	250	145	375
	80~100	245	140	365

续上表

钢材		抗拉、抗压和抗弯 f_d	抗剪 f_{vd}	端面承压(刨平顶紧) f_{cd}
牌号	厚度(mm)			
Q390 钢	≤16	310	180	465
	16~40	295	170	445
	40~63	280	160	420
	63~100	265	150	395
Q420 钢	≤16	335	195	505
	16~40	320	185	480
	40~63	305	175	455
	63~100	290	165	430

注:表中厚度指计算点的钢材厚度,对轴心受拉和轴心受压构件指截面中较厚板件的厚度。

表 6.0.4-2 钢材的物理性能指标表

弹性模量 E (MPa)	剪变模量 G (MPa)	线性膨胀系数 α (以每℃计)	泊松比 v_c	密度 ρ (kg/m^3)
206×10^3	79×10^3	12×10^{-6}	0.31	7 850

7 桥梁平纵横设计

7.1 设 计 原 则

7.1.1 桥孔的布设应满足通航、泄洪、泄泥沙、泄冰凌或跨线净空等要求，当有通航时与航道的交叉角度应符合现行《公路桥涵设计通用规范》(JTG D60)的相关规定。

7.1.2 桥轴线总体走向应顺直、合理，应为两岸接线布置创造良好的顺接条件。

7.1.3 应综合考虑水下地形、水文、地质、桥型结构、施工等特点和要求，保证结构安全、可靠。

7.1.4 应考虑与两岸码头、防洪大堤、被交道路和高压电线等重要设施的关系，保持合理的距离和交叉关系，满足规定要求；全桥平纵横总体设计与两岸接线工程的平纵横总体设计应协调进行。

7.1.5 应重视景观设计。平纵线形及其配合应力求连续、均衡、顺适、流畅，尽可能在最大视角范围内反映大桥的整体景观效果和主桥结构的宏伟、壮观气势，并使大桥与周围的环境相协调。

7.1.6 在满足技术指标要求、不过分增加工程量的前提下，应尽量选用较高的技术指标。

7.1.7 应重视生态环境保护，减少对环境的不利影响。

7.1.8 桥面不宜设置平坡。当桥梁跨线时，其排水构造应避免直排；当桥梁跨越环境保护水体时，应按照环境影响评价报告和批复意见要求设置桥面排水设施，不得采用直排方式。

7.2 平纵横断面设计

7.2.1 桥梁平面设计应采用较高的技术指标，在主桥范围内不宜设置曲线。

7.2.2 桥梁纵断面设计的各项技术指标应符合路线布设的规定,并满足相关规范最低设计高程和最大纵坡限制的要求。跨中不应布置在凹曲线中,宜布置在凸曲线内。

7.2.3 桥梁横断面设计应符合现行《公路桥涵设计通用规范》(JTG D60)的相关规定。

8 结构设计

8.1 桥跨布置

8.1.1 孔径布置应满足通航、跨线净空要求，孔跨数应根据设计洪水流量和桥位河段的特性设计确定，不宜改变水流的天然状态，并应选择受力合理且利于施工的边中跨比。

8.1.2 边中跨的比例宜控制在 0.52 ~0.65。当出现负反力时，应采用配重措施或在过渡墩上设置拉力支座。

8.2 结构体系选择

8.2.1 当墩身的抗推刚度较小时，可采用墩梁固结，形成连续刚构体系。过渡墩应设置滑动支座。

8.2.2 当墩身的抗推刚度较大时，可采用连续梁与连续刚构混合体系或连续梁桥体系。采用连续梁桥体系时，应选择接近主梁纵向变形零点的墩位设置纵向约束支座。

8.3 主 梁

8.3.1 主梁设计时应满足以下要求：

1 宜采用强度等级不低于 C50 的混凝土。

2 主梁截面宜采用箱形截面；车道数≥6 时，宜采用左右分幅布置，每幅箱梁设置的箱室数及箱梁底宽应根据横向受力分析予以确定，并应与引桥协调；腹板宜采用直腹板。

3 主梁梁高沿纵向宜采用变高度，并应适当增加 1/8 ~1/3 跨区域梁高或腹板厚度。根部梁高宜控制在主跨跨径的 1/15 ~1/20；跨中（或边跨端部）梁高宜控制在主跨跨径的 1/40 ~1/60，必要时还应考虑与引桥梁高相协调的要求。

4 每个主梁块件的混凝土体积不宜超过 $120m^3$，块件长度宜取 3 ~5m。

8.3.2 应按照斜截面抗剪强度与抗弯强度要求，对断面细部尺寸进行设计，同时应满足正常使用极限状态的应力要求。在满足结构安全的前提下，应使底板、顶板、腹板、加腋、齿板等细部尺寸轻型化。

8.3.3 主梁断面细部尺寸设计应满足以下要求：

1 采用悬臂浇筑施工方法时，箱梁底板厚度不宜小于300mm。

2 箱梁顶板厚度在两腹板间不宜小于250mm，在悬臂翼缘端部不宜小于150mm。

3 最小腹板厚度不宜小于450mm。

4 顶板与腹板、腹板与底板的连接，应设置加腋过渡，加腋的高度 h 及宽度 b 均不宜小于300mm，如图8.3.3所示。

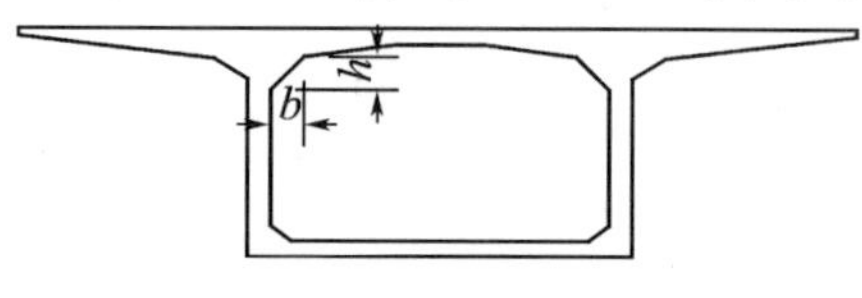

图8.3.3 箱梁加腋示意图

5 齿板的平面尺寸应满足局部抗压要求，同时齿板中心距结构物边缘的距离应满足张拉设备的尺寸要求。当预应力张拉总吨位较大时，应采用空间程序分析确定齿板尺寸。

8.3.4 预应力布置应满足以下要求：

1 主梁预应力布置宜采用三向预应力体系。

2 当计算所需纵向预应力钢束较多，在箱梁断面内布置局促时，可采用大吨位钢绞线体系，应靠近腹板布束，并应保证局部受力安全。当纵向预应力布置不下时，可采用体内、体外混合配束。

3 预应力钢束布置应采用直线或大半径平竖弯布置且平竖弯宜复合。

4 在剪力较大区域，顶板纵向预应力钢束应下弯至腹板内锚固，底板纵向预应力钢束应通过腹板上弯锚固，弯起角度宜平行于主拉应力的方向，锚固位置应根据主梁沿高度分布的六点应力数值大小，结合空间受力分析结果确定。

5 在关键受力部位和构造允许的区域，宜尽量布置竖向预应力。应采取有效措施减少竖向预应力损失，并在设计分析中选取合适的预应力计算参数。

6 应根据受力需要，合理设置横向预应力，并与纵向、竖向预应力构造布置相协调。横向预应力宜采用钢绞线。

7 主梁内宜设置可在运营期张拉的备用体外预应力。

8.3.5 箱梁顶、底、腹板预应力钢束弯折处和预应力通过的曲线梁区域应设置U形或闭合的防崩裂钢筋，并应钩在最外侧钢筋上。当受力需要时，可在径向力较大区域（如跨中区域）增设横隔板，并加强横向钢筋的配置。

8.3.6 设计应对施工提出以下要求：

1 箱梁底板较厚区域，应采取适当的温控措施，以减少混凝土的内外温差。

2 箱梁顶板混凝土浇筑后，应尽量减少暴露的工作面。浇筑完成后，立即抹面，并用塑料薄膜紧密覆盖，防止水分蒸发和阳光直射，待混凝土初凝前后，卷起塑料薄膜用抹子抹压表面并再次覆盖，直至终凝后撤除薄膜。混凝土潮湿养护时间不应少于7d。

3 预应力钢筋引伸量修正应考虑弹性模量和截面面积实测值与理论值的出入，其修正公式为：

$$\Delta' = \frac{EA}{E'A'} \times \Delta \tag{8.3.6}$$

式中:Δ'——修正计算的引伸量;

E'、A'——实测的钢绞线弹性模量及截面面积;

E、A——计算采用的钢绞线弹性模量及截面面积;

Δ——计算得到的引伸量。

同时还应考虑管道摩阻、管道偏差系数、锚圈口损失等实测值与理论值的出入。为此,施工前应进行必要的测试工作,确定实测值与计算值之间的偏差。

4 尽早进行锚头封锚槽口的封锚,封锚混凝土中应加设钢筋网并适当添加微膨胀剂。

5 中跨底板合龙预应力钢筋张拉过程中,应注意观测跨中区域预埋的应变传感器的变化。在运营阶段,仍应定期对应力和位移进行观测。

6 混凝土配合比经验证批准后,方可组织实施。

7 为了使桥梁外观颜色一致,要求箱梁及墩身采用同厂家、同品种水泥,并注意模板表面处理。

8 施工单位应对设计文件认真研究,全盘考虑,对图纸中提供的坐标、高程、钢筋明细表以及结构的相关几何尺寸进行详细复核,一旦发现问题,按有关程序向设计部门反馈,在问题没有得到解决前不得施工。

9 上下部施工时应注意护栏、伸缩装置、支座、泄水管、灯柱、检修平台、桥梁健康监测系统、交通工程及有关附属设施等预埋件的预埋,并确保位置准确。

10 工程完工后,应对临时设施和构件进行拆除或妥善处理。如拆除困难或因拆除会带来对结构不利影响,则应在征得业主、监理工程师和设计单位同意后,采取可靠措施予以处理。

11 施工中未使用的预应力备用管道,在与业主、监理工程师和设计单位协商后,采取压浆或对端部临时封堵(以备将来使用)的方法予以处理。

12 施工期间应采取可靠的防撞措施,并对划定施工水域进行航运安全管理。对于安装永久性防撞装置设施的桥梁,在基础工程全部完成后再适时安装。

8.4 桥　　墩

8.4.1 采用墩梁固结方式时,宜采用双薄壁墩;墩高较高时也可采用独柱墩。

8.4.2 应根据受力、构造需要确定墩身顺桥向宽度,并确定墩身截面采用空心断面或实心断面。采用空心断面时,变壁厚区段应设置一定高度的过渡段,墩顶及墩底一定高度内宜设计成实心段。

8.4.3 设置支座的桥墩,墩顶截面尺寸除应满足支座、伸缩装置布置等的构造要求外,还应考虑检查、维护等空间需要。

8.4.4 为方便脱模,墩柱四角宜设置较小的倒角。

8.5 桥墩及基础防撞

8.5.1 桥墩及基础防撞设计应满足以下要求:

1 应根据桥位处的航道和航运特点,建立主动防护系统,降低船舶直接撞击桥梁的风险。

2 基础整体防撞能力应满足设防标准要求。

3 存在船或冰凌等直接撞击结构可能时,应采取适当的构造措施承受船舶等的局部撞击力,避免局部损坏导致结构整体破坏。

8.5.2 主动防护系统主要包括桥区失控船舶应急系统、桥区船舶航行管理系统(VTS)等,其中 VTS 是主动防护系统的重要组成部分,应委托专业单位进行专门设计。

8.5.3 钻孔灌注桩基础的单桩可能承受局部撞击时,可采取如下结构措施:

1 加厚或局部加厚承台封底混凝土,并在承台施工吊箱内浇筑一定高度的混凝土。

2 在承台施工吊箱内设置剪力键。

3 在封底混凝土内设置适当数量的桁架并伸入承台。

8.6 基　　础

8.6.1 大跨径悬浇施工的预应力混凝土连续梁、连续刚构桥的基础形式应根据地质情况和受力需要确定。

8.6.2 采用钻孔灌注桩群桩加实体承台形式的基础,除按现行《公路桥涵地基与基础设计规范》(JTG D63)规定设计外,还应满足以下要求:

1 选择桩底持力层时,应考虑河床演变及冲刷对布桩的影响;并应根据地质条件,避开软弱下卧层。

2 通航孔桥墩的承台顶、底面高程应满足防撞要求,并应考虑景观要求。

3 桩的布置应考虑大规模群桩基础在具体地质条件下的受力特点。

4 当桩顶钢护筒与桩身混凝土共同受力时,钢护筒顶部伸入承台的护筒钢材或焊接钢筋截面面积应不小于桩身钢护筒的计算截面面积;焊接钢材或钢筋伸入承台的长度应与桩身主筋相同;桩身嵌入承台的深度应满足顶节护筒连接的需要。

8.6.3 不参与受力的钢护筒设置应按照现行《公路桥涵施工技术规范》(JTG/T F50)

有关规定执行。

参与受力的钢护筒应考虑钢材的耐久性。平均低水位以下钢材的年平均腐蚀速度可参照现行《港口工程桩基规范》(JTJ 254),钢护筒的有效厚度应扣除设计使用寿命内的腐蚀厚度。

9 结构计算分析

9.1 总体计算

9.1.1 计算图式、模型、参数选取应考虑以下因素：

1 采用平面杆系或空间杆系程序，对结构进行离散，根据施工过程形成各阶段的计算图式，分析结构各阶段的应力和位移变化情况，并考虑施工阶段的风险工况。

2 墩梁固结边界条件应计入基础刚度的影响，并按照考虑冲刷和不考虑冲刷两种图式进行分析，取不利者控制。过渡墩上设置纵向活动、竖向约束的铰支承（计入支座摩阻）。

3 预应力计算参数见表9.1.1。若使用环氧涂层钢绞线和国外进口预应力高强精轧螺纹粗钢筋，其主要力学性能指标应根据可靠试验提供的数据确定。表中数据为参考值。

表9.1.1 预应力计算参数

主要计算参数	普通钢绞线（体内）	精轧螺纹粗钢筋	环氧钢绞线（体外）
锚下张拉控制应力	$\leqslant 0.75f_{pk}$	$\leqslant 0.90f_{pk}$	$\leqslant 0.75f_{pk}$
钢筋松弛率	0.03	0.05	0.04
管道摩阻系数	金属波纹管：0.20～0.25 塑料波纹管：0.14～0.17	铁皮管：0.40	0.06
每米管道偏差系数（1/m）	0.001 5	0.001 5	0.000 5
锚具变形及钢筋回缩值（m）	0.006	0.002	0.006

注：1. 钢筋松弛率，表中为经验建议值。设计可按照规范提供公式计算获得，并参照所采用产品提供的可靠参数选用。

2. 如有可靠的试验数据，管道摩阻系数可参考确定。

9.1.2 计算分析程序应优先选择有数座同等规模桥梁使用、校核过的且按照我国现行标准规范编制的程序。

9.1.3 结构设计验算应包括以下内容：

1 在分析规范规定作用工况的基础上，进一步确定各种工况对结构的敏感度，有针对性地优化结构体系，确定边中跨比，验算支点反力。

2 确定伸缩装置规格。

3　为构件分析提供各种工况的内力与应力结果。

9.1.4　大跨径悬浇施工的预应力混凝土连续梁、连续刚构桥，应进行施工阶段风险校验，验算大悬臂及不利作用组合工况下墩身及基础的受力。

9.1.5　验算荷载应包括以下内容：

1　挂篮等施工机具及施工人员。

2　墩身及基础承受的不平衡施工荷载，按照半个主梁节段的重量及两悬臂端挂篮移动相差一个梁段对墩身及基础产生的效应，取较大者控制设计。

3　主梁的不均匀性作用，单T一侧按理论重力的1.025倍，另一侧按理论重力的0.975倍计算。

4　施工阶段风荷载，其设计重现期系数，可根据施工时间长短，按照现行《公路桥梁抗风设计规范》(JTG/T D60-1)的有关条款取用。

9.1.6　总体计算分析通常采用的作用效应组合示例，见表9.1.6。

表9.1.6　总体计算分析通常采用的作用效应组合示例

序号	作用效应组合示例
1	永久作用(包括收缩、徐变、预加力、基础变位)+汽车荷载
2	永久作用(包括收缩、徐变、预加力、基础变位)+汽车荷载+体系升温+日照正温差
3	永久作用(包括收缩、徐变、预加力、基础变位)+汽车荷载+体系升温+日照反温差
4	永久作用(包括收缩、徐变、预加力、基础变位)+汽车荷载+体系降温+日照正温差
5	永久作用(包括收缩、徐变、预加力、基础变位)+汽车荷载+体系降温+日照反温差
6	永久作用(包括收缩、徐变、预加力、基础变位)+汽车荷载+体系升温+日照正温差+静风荷载(桥面风速25m/s)+汽车制动力
7	永久作用(包括收缩、徐变、预加力、基础变位)+汽车荷载+体系降温+日照反温差+静风荷载(桥面风速25m/s)+汽车制动力
8	永久作用(包括收缩、徐变、预加力、基础变位)+风荷载(100年一遇)
9	永久作用(包括收缩、徐变、预加力、基础变位)+满布人群
10	永久作用(包括收缩、徐变、预加力、基础变位)+汽车荷载+船舶撞击作用
11	永久作用(包括收缩、徐变、预加力、基础变位)+地震力

9.2　主　　梁

9.2.1　主梁进行持久状况承载能力极限状态设计时，应验算正截面抗弯承载力和斜截面抗剪承载力；对锚下等受力复杂部位应进行局部受压区截面尺寸、局部抗压承载力验算及端部锚固区段内的局部应力分析。

9.2.2 主梁计算分析通常采用的作用效应组合示例，见表9.2.2。

表9.2.2 主梁计算分析通常采用的作用效应组合示例

组合的类型	序号	作用效应组合示例
基本组合	1	永久作用（包括收缩、徐变、预加力、基础变位）+汽车荷载
	2	永久作用（包括收缩、徐变、预加力、基础变位）+汽车荷载+温度作用
	3	永久作用（包括收缩、徐变、预加力、基础变位）+汽车荷载+风荷载
	4	永久作用（包括收缩、徐变、预加力、基础变位）+满布人群
偶然组合	1	永久作用（包括收缩、徐变、预加力、基础变位）+地震作用
	2	永久作用（包括收缩、徐变、预加力、基础变位）+汽车荷载+船舶撞击作用

9.2.3 主梁进行持久状况正常使用极限状态设计时，应验算正截面和斜截面抗裂，计算正截面拉应力和斜截面主拉应力；对主梁应进行挠度验算。验算时不考虑汽车荷载冲击系数。

9.2.4 主梁既作为整体结构体系受力，其顶板还直接承受轮载作为局部结构体系受力。作为整体结构体系分析时，箱梁承受的作用力包括各种竖向荷载，刚构尚应考虑混凝土收缩、徐变及温度作用。作为局部结构体系分析时，箱梁承受的作用力包括汽车轮载和桥面板的内外温差效应。

9.2.5 按照局部结构体系设计时，应符合以下规定：

1 采用平面杆系模型，假定箱形截面由若干个杆件组成，作为框架结构进行分析。并采用部分节段空间实体模型校核框架计算结果。

2 承受的作用应符合以下规定：

1）结构重力包括箱梁自身重量，桥面铺装、栏杆等二期恒载。

2）横向预应力计算参数见表9.1.1。

3）1m宽箱梁上的车轮荷载按现行《公路钢筋混凝土及预应力混凝土桥涵设计规范》（JTG D62）的有关规定执行。

4）底板预应力对横框架产生的径向力按下式计算：

$$F = N\alpha/b \tag{9.2.5}$$

式中：F——作用于横框架上，曲线底板纵向单位长度上每根预应力产生的径向力（kN/m）；

N——考虑预应力损失后每根底板预应力束的有效预应力（kN）；

α——梁段之间的相对转角（rad）；

b——径向力沿桥纵向的平均分布宽度（m）。

5）箱梁内外温差作用可按±5°考虑，并可参照实测值进行修正。

9.2.6 验算时应考虑汽车荷载冲击系数。主梁进行持久状况应力计算时，应验算主梁使用阶段正截面混凝土的法向压应力、受拉区预应力钢筋的拉应力、斜截面混凝土的主压应力，以及受力复杂区域如锚下、0号梁段等局部应力。

9.2.7 短暂状况主梁的应力计算，应根据主梁施工过程验算各施工阶段由自重、施工荷载等引起的正截面和斜截面的应力，对主要控制阶段（最大双悬臂、边跨合龙、中跨合龙、合龙后二期恒载）进行重点分析。

9.3 桥　　墩

9.3.1 按持久状况承载能力极限状态设计时，应符合以下规定：

1　墩身为偏心受压构件，应按现行规范的要求计入偏心距增大系数 η。除应验算弯矩作用平面抗压承载力外，还应按轴心受压构件验算垂直于弯矩作用平面的抗压承载力，此时不考虑弯矩的作用，但应考虑稳定系数 ϕ 的影响。

2　应验算墩身整体稳定，当墩身为薄壁空心墩且墩较高时，还应验算壁板的局部稳定。

9.3.2 按持久状况正常使用极限状态设计时，应符合以下规定：

1　墩身为钢筋混凝土构件，持久状况正常使用极限状态主要验算墩身裂缝宽度、墩顶变形。

2　墩身裂缝宽度验算按照现行《公路钢筋混凝土及预应力混凝土桥涵设计规范》（JTG D62）有关规定执行。

9.3.3 短暂状况墩身的应力计算，应根据总体分析结果进行施工阶段验算及施工风险校验。

9.4 基　　础

9.4.1 基础计算分析通常采用的作用效应组合示例见表9.4.1，地震作用效应计算见本指南“13　抗震设计”，其他作用计算见本指南“5　设计作用与作用效应组合”。

表9.4.1　基础计算通常采用的作用效应组合示例

受力阶段	组合	作用效应组合示例
施工阶段	1	最大双悬臂永久作用 + 横风（30年一遇）+ 横风引起的不平衡升举力
	2	永久作用 + 施工作用 + 不平衡施工作用 + 主梁的不均匀性 + 施工阶段风荷载
	3	过渡墩顶引桥恒载偏心作用
使用阶段	1	永久作用 + 汽车荷载
	2	永久作用 + 静风荷载（100年一遇）+ 流水压力 + 波浪力
	3	永久作用 + 汽车荷载 + 主梁体系温度 + 梯度温度 + 常规静风荷载 + 流水压力 + 波浪力
	4	永久作用 + 满布人群
	5	永久作用 + 汽车荷载 + 船舶撞击作用
	6	永久作用 + 地震作用

9.4.2 冲刷深度包含河床自然演变冲刷、一般冲刷和桥墩位置的局部冲刷，应按现行《公路工程水文勘测设计规范》(JTG C30)有关规定进行计算。条件复杂时应采用河势分析、动床试验和局部冲刷试验专题成果。

基础的计算分析应考虑不同冲刷深度对结构设计的影响。在静力分析中，按照最不利状况进行计算，因此宜采用最大冲刷线高程作为计算依据。但在动力分析中，为了分析不同冲刷深度条件下基础的受力状况，宜取几种高度进行分析。

9.4.3 群桩的受力应按照现行《公路桥涵地基与基础设计规范》(JTG D63)的 m 法进行计算。必要时采用三维有限元建立承台、桩的空间模型进行复核。计算中应将桩基础模拟为框架结构。

当群桩基础比较庞大时，宜进行考虑桩土共同作用的数值模拟分析，必要时进行离心模型试验，以检验计算成果和群桩内力分布规律。

9.4.4 应按照现行《公路桥涵地基与基础设计规范》(JTG D63)相关规定对群桩整体基础的承载力进行验算。

1 对短暂状况和持久状况应分别进行沉降计算。

2 沉降计算按照现行《公路桥涵地基与基础设计规范》(JTG D63)有关规定进行，不考虑风荷载、水流压力、波浪力等非长期荷载的作用，压缩模量按地质勘察报告取用。

9.4.5 钻孔灌注桩及承台的强度计算应符合以下规定：

1 根据整体计算得到的单桩内力，进行桩身的配筋和应力验算，桩的入土深度自最大局部冲刷线起算。同时采用现行《公路钢筋混凝土及预应力混凝土桥涵设计规范》(JTG D62)有关规定按极限状态法偏心受压构件公式计算承载能力极限状态的抗压承载力。

2 桩身作为偏心受压构件，当 $l_0/i>17.5$ 时(l_0 为构件计算长度，i 为截面最小回转半径)，强度计算应考虑构件在弯矩作用平面内的挠度对纵向力偏心距增大系数 η。η 值按照现行《公路钢筋混凝土及预应力混凝土桥涵设计规范》(JTG D62)有关规定计算。

3 承台有关验算按照现行《公路钢筋混凝土及预应力混凝土桥涵设计规范》(JTG D62)有关规定执行。

9.4.6 桩身裂缝宽度验算按照现行《公路钢筋混凝土及预应力混凝土桥涵设计规范》(JTG D62)有关规定执行。承台可不进行裂缝宽度及挠度验算。

10 耐久性设计

10.1 一般规定

10.1.1 混凝土结构耐久性应根据结构的设计使用年限及其对应的极限状态、环境类别及其作用等级进行设计。耐久性的基本要求应符合现行《公路钢筋混凝土及预应力混凝土桥涵设计规范》(JTG D62)的相关规定。

10.1.2 当同一混凝土结构的不同构件或同一构件的不同部位所处的局部环境不同时,应根据每一环境类别及其作用等级分别进行耐久性设计。结构的耐久性设计必须考虑施工质量控制与质量保证对结构耐久性的影响,必须考虑结构使用过程中的维修与检测要求。

10.1.3 大跨径梁桥的设计使用年限应根据工程的实际需求选取,通常情况下可按照100年进行耐久性设计。但当桥梁的使用年限预期会因功能的变化而较早终结,或当环境特别恶劣、严酷,采取较长的使用年限受到技术、经济上的制约时,在主管部门和业主的同意下,可按较低的设计使用年限进行设计,但一般不宜低于30年。

10.1.4 结构的设计使用年限,通常应是使用过程中仅需一般维护(包括构件表面涂刷等)而不需进行大修的期限。仅当技术条件不能保证结构的所有部件均能达到与结构设计使用年限相同的耐久性时,或从经济等角度考虑认为有必要时,方可在业主认可的前提下,在设计中规定结构的某些构件需要在结构的设计使用年限内进行1~2次或更多次数的大修(包括更换)。

处于露天环境下的桥梁结构,在结构的设计使用年限内,通常需要对桥面板、伸缩装置等个别结构构件进行定期大修或更换。列为需要在设计使用年限内进行大修或更换的结构构件,应具有能够进行修补或更换的施工操作条件。需要修补或更换的构件,其使用年限可低于结构的整体设计使用年限。土中或水下缺乏修理条件的结构构件,其设计使用年限应与结构的整体设计使用年限相同。

10.1.5 混凝土结构耐久性设计,需考虑混凝土构件开始暴露于环境作用时的不同龄期对耐久性的影响。可采用预制构件或在冰冻季节到来前完成施工来延迟新浇混凝土开始与氯盐接触或遭受冰冻的时间。

10.1.6 当混凝土结构处于Ⅲ类或者Ⅳ类环境时，应采取必要的附加防腐蚀措施，如局部选用环氧涂层钢筋，在混凝土中加入钢筋除锈剂或水溶性聚合物乳液，在混凝土表面上涂刷或覆盖防护材料等；对于预应力混凝土结构，需对预应力钢筋、锚具及连接器采取专门防护措施，同时应对材料、构造、施工工艺及施工质量检验标准提出具体要求。

10.1.7 在进行混凝土结构耐久性设计时，应考虑路面层、防水层和桥面伸缩缝等各种连接部位的渗漏所造成的局部环境作用。同时，还必须高度重视混凝土发生碱集料反应、钙矾石延迟反应和软水浸出作用破坏的可能性。

10.1.8 在进行混凝土结构耐久性设计时，应选用质量稳定并有利于改善混凝土密实性和抗裂性的水泥和集料等原材料以及混凝土配合比，尽可能降低混凝土的拌和水用量与水灰比，并在混凝土组成中掺入适宜的矿物掺和料、高效减水剂和引气剂。

10.1.9 混凝土结构耐久性设计应包括以下内容：

1 确定结构的设计使用年限，并列出结构各个构件使用年限的明细表，标明在结构的设计使用年限内需要大修或更换的结构构件名称及其预期的修补或更换期限。

2 明确结构所处的环境类别及其作用等级。

3 明确结构耐久性要求的混凝土原材料选用标准，并在设计施工图和相应说明中标明与耐久混凝土相关的重要参数和要求。

4 结构耐久性要求的构造措施。

5 当混凝土结构处于Ⅲ类或者Ⅳ类环境时采取的附加防腐蚀措施。在采用防腐蚀附加措施时，尤其是防腐新材料和新工艺的使用，需通过专门的论证。

6 结构耐久性要求的主要施工工序、工艺和控制措施，并在施工图设计上标明钢筋的混凝土保护层厚度的施工容许偏差及混凝土的养护要求。

7 结构耐久性要求的定期检测。

8 结构耐久性要求的养护维修。

10.1.10 进行混凝土结构耐久性设计，当采用现行相关规范未涉及的材料、工艺等时，应通过试验论证。

10.1.11 进行混凝土结构耐久性设计时，除符合本指南规定以外，尚应符合国家现行的有关强制性标准规定。

10.2 构造措施

10.2.1 保证混凝土结构耐久性的必要构造措施包括：

1 隔绝或减轻环境因素对混凝土的作用。

2　防止或控制混凝土开裂。

3　为钢筋提供足够的混凝土保护层厚度。

10.2.2　混凝土结构外形应力求简洁,尽量减少暴露的表面积和棱角,同时应便于养护维修。

10.2.3　结构的形状、布置和构造应有利于阻挡或减轻环境对结构的作用,有利于避免水、水汽和有害物质在混凝土表面的积聚,便于施工时混凝土的捣固和养护,并应有利于保证施工质量。

10.2.4　混凝土结构表面应设置可靠的防、排水等构造措施,防止水和有害物质接触混凝土表面,尽可能防止混凝土在使用过程中遭受干湿交替。

10.2.5　桥梁端部应采取有效构造措施防止污水回流污染支座和梁端表面。

10.2.6　混凝土结构的各种接缝应尽量避开最不利环境作用的部位。应尽可能减少伸缩缝的数量并改善拼缝的密闭性。

10.2.7　封锚混凝土宜采用水泥基聚合物混凝土,混凝土的水灰比应不大于本体混凝土的相应值,并采取可靠的防护措施,以防止环境水和其他有害介质渗入接缝。

10.2.8　对于遭受严重冻融破坏和化学侵蚀的混凝土结构,应考虑暴露面上混凝土的可能剥蚀对构件(特别是薄壁构件)承载力的损害,设计时需适当增加混凝土厚度,并采取多重防护对策以增加安全度。

10.2.9　普通钢筋混凝土保护层厚度在满足现行标准和规范要求的基础上可以适当增加。

10.2.10　预应力钢筋混凝土保护层厚度要求与普通钢筋的混凝土保护层厚度相同。无密封套管(或导管、孔道管)的预应力钢筋的混凝土保护层厚度应比普通钢筋的混凝土保护层厚度大10mm。后张预应力管道外缘至混凝土表面的距离,在结构的顶面和侧面不应小于1倍管道直径,在结构底面不应小于60mm。

10.2.11　混凝土结构裂缝宽度计算限值应满足现行标准和规范的要求。

10.3　附加防腐蚀措施

10.3.1　各种环境特征及其环境作用等级见表10.3.1-1～表10.3.1-4。

表 10.3.1-1 氯盐环境

环境作用等级	环境条件特征
L1	长期在海水水下区
	离平均水位 15m 以上的海上大气区
	离涨潮岸线 100 ~ 300m 的陆上近海区
L2	离平均水位 15m 以内的海上大气区
	离涨潮岸线 100m 以内的陆上近海区
	海水潮汐区或浪溅区(非炎热地区)
L3	海水潮汐区或浪溅区(南方炎热地区)
	盐渍土地区露出地表的毛细吸附区
	遭受氯盐冷冻液和氯盐化冰盐侵蚀部位

表 10.3.1-2 化学侵蚀环境

化学侵蚀类型		环境作用等级			
		H1	H2	H3	H4
硫酸盐侵蚀	环境水中 SO_4^{2-} 含量(mg/L)	≥200 ≤600	>600 ≤3 000	>3 000 ≤6 000	>6 000
	强透水性环境土中 SO_4^{2-} 含量(mg/kg)	≥2 000 ≤3 000	>3 000 ≤12 000	>12 000 ≤24 000	>24 000
	弱透水性环境土中 SO_4^{2-} 含量(mg/kg)	≥3 000 ≤12 000	>12 000 ≤24 000	>24 000	—
盐类结晶侵蚀	环境土中 SO_4^{2-} 含量(mg/kg)	—	≥2 000 ≤3 000	>3 000 ≤12 000	>12 000
酸性侵蚀	环境水中 pH 值	≤6.5 ≥5.5	<5.5 ≥4.5	<4.5 ≥4.0	—
二氧化碳侵蚀	环境水中侵蚀性 CO_2 含量(mg/L)	≥15 ≤40	>40 ≤100	>100	—
镁盐侵蚀	环境水中 Mg^{2+} 含量(mg/L)	≥300 ≤1 000	>1 000 ≤3 000	>3 000	—

注:1. 对于盐渍土地区的混凝土结构,埋入土中的混凝土遭受化学侵蚀;当环境多风干燥时,露出地表的毛细吸附区内的混凝土遭受盐类结晶型侵蚀。

2. 对于一面接触含盐环境水(或土)而另一面临空且处于干燥或多风环境中的薄壁混凝土,接触含盐环境水(或土)的混凝土遭受化学侵蚀,临空面的混凝土遭受盐类结晶侵蚀。

3. 当环境中存在酸雨时,按酸性环境考虑,但相应作用等级可降一级。

表 10.3.1-3 冻融破坏环境

环境作用等级	环境条件特征
D1	微冻地区 + 频繁接触水
D2	微冻地区 + 水位变动区
	严寒和寒冷地区 + 频繁接触水
	微冻地区 + 氯盐环境 + 频繁接触水

续上表

环境作用等级	环境条件特征
D3	严寒和寒冷地区 + 水位变动区
	微冻地区 + 氯盐环境 + 水位变动区
	严寒和寒冷地区 + 氯盐环境 + 频繁接触水
D4	严寒和寒冷地区 + 氯盐环境 + 水位变动区

注：严寒地区、寒冷地区和微冻地区是根据其最冷月的平均气温划分的。严寒地区、寒冷地区和微冻地区最冷月的平均气温 t 分别为：$t \leq -8℃$，$-8℃ < t < -3℃$ 和 $-3℃ \leq t \leq 2.5℃$。

表 10.3.1-4 磨蚀环境

环境作用等级	环境条件特征	
M1	风蚀（有沙情况）	风力等级≥7 级，且年累计刮风时间大于 90d
M2	风蚀（有沙情况）	风力等级≥9 级，且年累计刮风时间大于 90d
	流冰冲刷	被强烈流冰撞击、磨损、冲刷（冰层水位下 0.5m ~ 冰层水位上 1.0m）
M3	风蚀（有沙情况）	风力等级≥11 级，且年累计刮风时间大于 90d
	泥沙冲刷	被大量夹杂泥沙或物体磨损、冲刷

10.3.2 处于本指南表 10.3.1-1 氯盐环境 L3 级中的混凝土结构，除耐久性指标应满足本指南的相应要求外，还应选用如下的附加防腐蚀措施：混凝土表面涂层或加入钢筋除锈剂、采用非活性或惰性材料（如不锈钢钢筋、环氧涂层钢筋、耐腐蚀钢筋、非活性集料、低碱水泥等）。必要时也可采用钢筋阴极保护技术，但不能与环氧涂层钢筋联合使用（除非在钢筋绑扎后再做环氧涂层）。对于预应力混凝土结构，需对预应力钢筋、锚具及连接器采取专门防护措施，同时应对材料、构造、施工工艺及施工质量检验标准提出具体要求。

10.3.3 架立和绑扎环氧涂层钢筋时，不得使用无涂层的普通钢筋和金属丝。环氧涂层钢筋与无涂层的普通钢筋之间不得有电连接。当选用不锈钢钢筋时，不得与普通钢筋有电连接。

10.3.4 处于本指南表 10.3.1-2 化学侵蚀环境 H3、H4 级中的混凝土结构，除耐久性指标应满足本指南的相应要求外，还应在混凝土表面采取涂层或设防护面层等附加防腐蚀措施。

10.3.5 处于本指南表 10.3.1-3 冻融破坏环境 D3、D4 级中的混凝土结构，除耐久性指标应满足本指南的相应要求外，还应在混凝土表面采取增设钢箍或增大结构截面等附加防冻措施。

10.3.6 处于本指南表 10.3.1-4 磨蚀环境 M3 级中的混凝土结构，除耐久性指标应满足本指南的相应要求外，还应在混凝土表面采取浸渍增强或增加表面硬度等附加增强措施。

10.3.7 当在混凝土表面采取附加防腐蚀、防冻、增强措施时，应明确附加措施所用主要材料的性能指标以及相应的有效防护年限。

10.4 设计对检测、养护、维修的要求

10.4.1 在混凝土结构的使用寿命内，应对结构进行养护、维修和定期检测。

10.4.2 不得任意改变桥梁结构的受力状态和提高桥梁的荷载等级。

10.4.3 对于处于严重腐蚀环境中的混凝土结构，除了对结构进行定期常规检测外，还应对结构的环境条件、混凝土的性能以及耐久性状况进行跟踪调查和检测。

10.4.4 对于处于严重腐蚀环境中的混凝土结构，检测取样用的构件的尺寸、材料、配筋、成型、养护以及暴露环境条件等应能代表实际结构。必要时，可在结构的代表性部位设置传感元件以监测结构耐久性的变异发展情况。

11　箱梁抗裂设计

11.1　一般规定

11.1.1　抗裂设计应符合以下要求：

1　在满足本指南承载能力极限状态要求的条件下，箱梁正常使用状态下的抗裂设计应满足本章的要求。

2　大跨径预应力混凝土梁桥应按全预应力构件设计。

3　结构设计在保证结构强度的前提下应适当提高结构刚度，控制恒载变形，恒载弹性挠度不宜大于计算跨径的1/3 000～1/4 000，汽车荷载作用（含冲击）下的挠度不应超过计算跨径的1/1 000。

4　预应力设计宜尽量减小恒载弯矩和剪力。

5　设计应明确预应力张拉时的混凝土强度与龄期要求。

11.1.2　抗裂设计应对施工提出以下要求：

1　混凝土除符合设计所要求的性能外，还应选择抗收缩性能较好的水泥、掺和料及外加剂等混凝土原材料，必要时可通过圆环约束试件进行混凝土抗裂性试验。

2　预应力管道连接时应平顺，不应使接头处产生折角并防止水泥浆的渗入，避免在混凝土浇筑期间发生管道的转动或移位，混凝土养护期间顶底板通行宜搭设临时便道，严禁在预应力管道上方踩踏。

3　锚垫板安装定位应准确。当采用精轧螺纹钢筋时，宜在浇筑混凝土前将锚固螺母拧上并与垫板临时固定，并宜采用扭矩扳手施拧。

4　预应力钢筋的张拉控制应力应符合设计的要求。为防止混凝土早期裂缝，预应力钢筋的张拉可分阶段进行，初次张拉应力宜控制在最终张拉力的35%，且混凝土强度应大于设计强度的60%。

5　对于底板多层曲线布筋，应分层张拉，以先行张拉底层索，并在灌浆48h后再张拉上层束为宜。

6　竖向预应力张拉时机以滞后于梁段施工2～3个阶段为宜，并应采取二次张拉，即可在第1次张拉4～5d后，进行二次张拉并灌浆。横向预应力张拉时机以滞后于梁段施工1个阶段为宜。梁段接缝两侧的横向及竖向预应力应同批张拉。

7　预应力管道的压浆应饱满，宜采用真空辅助压浆技术。必要时应对压浆质量进行检验。

8　应根据施工部位、环境、水泥品种、外加剂以及对混凝土性能的要求，提出具体的养护方案，并应严格执行规定的养护制度。

11.2　预应力设计

11.2.1　三向预应力的布置与锚固应符合以下要求：

1　三向预应力设计宜根据箱梁的空间应力分布规律进行配束，预应力钢筋弯曲、锚固及腹板预应力对拉区域应配置足够的构造钢筋。

2　纵向预应力应避免集中平弯和集中锚固，并应尽量靠近腹板锚固。纵向下弯束锚固位置应根据计算确定。

3　应计入钢束弯曲径向力作用。

4　应在高主拉应力区域重点设置弯束，如主跨1/4和边跨梁端附近等部位。

5　压应力储备不宜过大，纵向预应力尚应考虑泊松效应而造成的纵向开裂。

6　合理估计分段施工的纵向预应力钢束管道偏差产生的预应力损失，纵向束的设计宜考虑因管道摩阻系数差异而进行的调整。

7　后期备用纵向调整束的用量不宜低于设计抵抗正负弯矩钢束量的5%～10%。

8　体外束自由长度不宜大于8.0m，取用更大长度时应根据计算确定。

9　腹板内缘净距大于4.5m的箱梁顶板宜设置横向预应力，预应力管道中心间距不宜大于4倍最小顶板厚。当底板较薄且较宽时，可设置横向预应力或加劲肋，预应力大小及间距按计算确定。

10　竖向与横向预应力沿桥纵向不宜均匀间隔布置，在横隔板两侧、纵向束平弯区、腹板变厚度区、各跨梁高最小断面左右1/4跨长区域等部位的顶板和腹板应适当进行加密布置或调整根数加大竖向预应力，竖向预应力布置时应适当考虑向板厚方向的偏置，部分抵消底板横向框架作用对腹板的影响。

11.2.2　预应力损失计算应符合以下规定：

1　纵向预应力损失的计算方法可参照现行《公路钢筋混凝土及预应力混凝土桥涵设计规范》(JTG D62)，但长束的摩阻及偏差系数宜根据现场测试值进行调整。

2　当采用精轧螺纹钢筋作为竖向预应力钢筋时，预应力损失应根据所采用的张拉工艺和结构特点进行计算。当采用二次张拉低回缩钢绞线锚固系统时，张拉回缩值应根据实测确定。

11.3　结构计算

11.3.1　结构计算应符合以下规定：

1　宜采用空间有限元计算方法进行三向预应力混凝土箱梁桥的计算。在计算条件尚不具备时可考虑基于空间计算的平面修正计算方法，修正系数宜按边跨梁端、主跨支点、主跨 1/4 及主跨跨中等区段进行划分。

2　箱梁的温度场应考虑整体温差、温度梯度和内外温差引起的结构纵向及横向效应。其中内外温差应采用空间有限元计算，无实测资料时，考虑的温差值不宜小于 ±5℃。

3　体系温差、梯度温度和内外温差等三种温度效应可采取累加的方式进行组合。

4　对有齿板锚固的主梁截面、临近齿板锚前区的梁段接缝面及顶板、腹板和底板与齿板的交界面应进行抗拉验算。

11.3.2　应力限值应满足以下要求：

1　采用杆系有限元计算时，使用阶段的应力计算应考虑横向框架作用及剪力滞效应的影响，控制指标应符合现行《公路钢筋混凝土及预应力混凝土桥涵设计规范》(JTG D62)的规定。

2　节段接缝处的混凝土强度宜进行折减，折减系数可取 0.95。

3　对采用空间分析的预应力混凝土箱梁桥，宜考虑混凝土双轴应力强度，其应力限值为(图 11.3.2)：

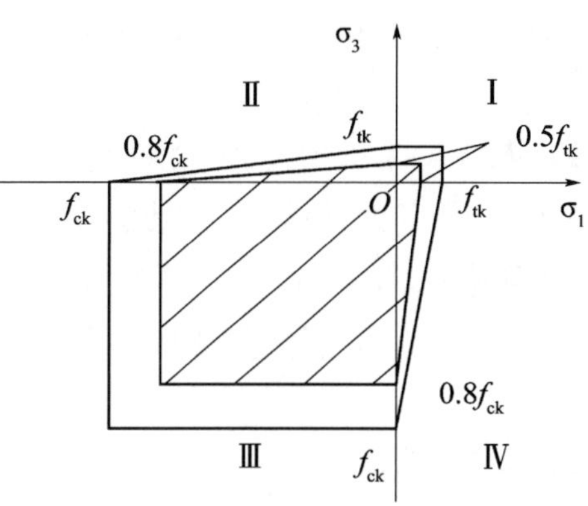

图 11.3.2　混凝土应力限值模型

C/C 双向受压：$(\sigma_1<0,\sigma_3<0)$(第Ⅲ象限) $-\sigma_{1、3}\leq 0.8f_{ck}$　(11.3.2-1)

T/C 一拉一压：$(\sigma_3>0>\sigma_1)$(第Ⅱ象限) $\dfrac{0.8f_{ck}}{0.5f_{tk}}\sigma_3-\sigma_1\leq 0.8f_{ck}$　(11.3.2-2)

$(\sigma_1>0>\sigma_3)$(第Ⅳ象限) $\dfrac{0.8f_{ck}}{0.5f_{tk}}\sigma_1-\sigma_3\leq 0.8f_{ck}$　(11.3.2-3)

T/T 双向受拉：$(\sigma_1>0,\sigma_3>0)$(第Ⅰ象限) $\sigma_{1、3}\leq 0.5f_{tk}$　11.3.2-4)

式中：f_{ck}、f_{tk}——分别取混凝土轴心抗压和轴心抗拉强度的标准值。

11.3.3　空间应力状态下应验算的主要部位应力见表 11.3.3。

表 11.3.3　单箱单室箱梁截面应验算的主要部位应力

构件/受力方向	部　位	验算应力
箱梁顶板纵向面外	上缘	正应力
箱梁顶板横向面外	上缘	正应力
	下缘	
箱梁顶板面内	中间层	主应力
箱梁底板纵向面外	下缘	正应力
箱梁底板横向面外	上缘	正应力
	下缘	
箱梁底板面内	中间层	主应力
箱梁腹板面内	中间层	主应力

11.4 构造与抗裂措施

11.4.1 锚区构造应满足以下要求：

1 预应力锚固区在各梁段的布置应合理，尽量避免放置在拉应力区和梁段接缝处。

2 锚固齿板的尺寸应合理，满足锚下局部承压及与周围板件的连接要求。

3 锚固齿板应有足够的锚下局部承压钢筋、锚头防崩裂钢筋、锚后抗拉钢筋（其承担的锚固力不宜低于25%的预应力钢筋拉力）以及预应力钢筋弯曲处的防崩钢筋。

11.4.2 保护层厚度除满足本指南第10章的规定外，尚应符合以下规定：

1 预应力曲线束的保护层厚度应根据现行《公路钢筋混凝土及预应力混凝土桥涵设计规范》（JTG D62）计算确定，且不应小于直线束的保护层厚度。

2 预应力管道边缘到箱梁凹角的最小距离不小于管道直径的1.5倍。

11.4.3 横隔板及人孔防裂构造应满足以下要求：

1 横隔板宜设置预应力，并及时张拉。

2 过人孔可配置封闭筋，或在孔洞边界设护边角钢。

11.4.4 防裂钢筋布置应符合以下规定：

1 防裂构造钢筋网控制钢筋的间距宜为120～200mm，在高应力区加密构造钢筋配置。

2 内外层钢筋应用联结筋形成整体骨架，间距不宜超过600mm，顶底板联结筋可使用如图11.4.4所示方形封闭筋。

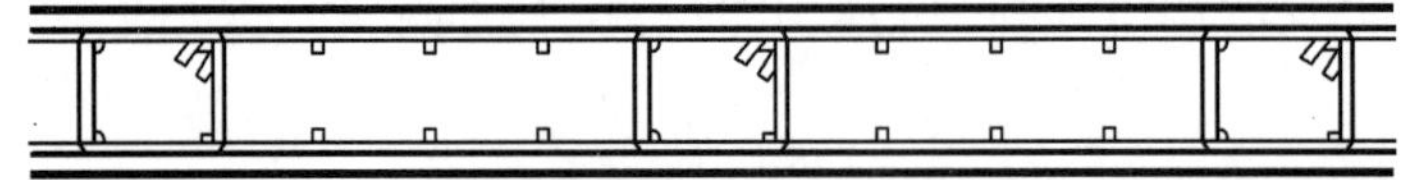

图11.4.4 顶底板层间方形封闭联结钢筋示意图

3 高主拉应力部位可考虑采用ϕ5mm@50mm×50mm的钢丝网作为辅助抗裂措施。

11.4.5 箱梁断面各板件普通钢筋的最小含筋率见表11.4.5-1～表11.4.5-3。

表11.4.5-1 箱梁腹板、横隔板的双向钢筋最小含筋率

混凝土强度等级	C40	C45	C50	C55	C60	C65	C70	C75	C80
最小含筋率 u_{xymin}（%）	1.007	1.062	1.118	1.154	1.198	1.235	1.266	1.284	1.309

表11.4.5-2 箱梁顶板、底板横向钢筋最小含筋率

混凝土强度等级	C40	C45	C50	C55	C60	C65	C70	C75	C80
最小含筋率 u_{min}（%）	0.217	0.229	0.240	0.248	0.257	0.265	0.272	0.276	0.281

表 11.4.5-3　箱梁顶板、底板的纵向钢筋最小含筋率

混凝土强度等级	C40	C45	C50	C55	C60	C65	C70	C75	C80
最小含筋率 u_{min}(%)	0.51	0.54	0.56	0.58	0.605	0.62	0.64	0.65	0.66

11.4.6　预应力钢筋构造应符合以下规定：

1　预应力管道最大直径不得超过板厚度的 0.4 倍。

2　体内预应力钢筋管道必须有稳固支撑，架立钢筋间距不应大于表 11.4.6 的规定，对弯曲预应力筋的弯曲部位宜适当加密。

表 11.4.6　体内预应力钢筋管道架立间距

体内预应力钢筋类型	架立钢筋间距(mm)	
	金属管	塑料管
纵向预应力钢筋	800	500
横向预应力钢筋	500	500

3　当底板曲线筋采用多层多排布置时，预应力钢筋管道间最小净距(梁高及梁宽双向)不小于 1 倍管道内径，梁宽方向的最小净距尚应保证插入式振捣棒的正常工作。对于竖向层间间距不能满足上述净距要求且大于 25mm 时或预应力钢筋通过附近存在孔洞时，应设置抗劈裂吊筋，其抗拉强度标准值不应大于 400MPa，其所需面积 A_{sj}(mm^2/m)采用式(11.4.6)计算：

$$A_{sj} = \frac{F_j}{r_j \times 0.6 \times f_{sk}} \tag{11.4.6}$$

式中：F_j——第 j 根曲线束的有效预应力(N)；

r_j——第 j 根曲线束的曲率半径(m)；

f_{sk}——吊筋抗拉强度标准值(MPa)。

4　当底板布置有单排曲线筋时，宜考虑为其设置抗劈裂吊筋，其配置量按式(11.4.6)计算确定。

12 箱梁下挠控制

12.0.1 大跨径预应力混凝土梁桥设计应按照现行《公路钢筋混凝土及预应力混凝土桥涵设计规范》(JTG D62)的相关规定计算并控制桥梁在正常使用极限状态下的正常下挠值,应设置上拱值以获得车道荷载作用下桥梁合理的实际线形;并针对可能出现的非正常下挠及其主导因素提出设计预防措施。

12.0.2 大跨径预应力混凝土梁桥设计应给出正常使用极限状态下影响结构下挠的设计主要参数、上部结构施工预抛高值、成桥状态的线形高程数据、汽车荷载及其最大挠度值,宜给出梁桥正常下挠和非正常下挠的限值区间以及开裂后非正常下挠的控制和应对措施。桥梁挠度计算的函数表达见式(12.0.2)。

$$\mu = f(P, l, B) \tag{12.0.2}$$

式中:μ——跨中挠度,μ 与 P、l 成正比,与 B 成反比;

P——结构所受的各种作用;

l——计算跨径;

B——抗弯刚度。

12.0.3 大跨径预应力混凝土梁桥在正常使用极限状态下的挠度可根据合理简化的结构模型和构件刚度用结构力学方法计算。其汽车荷载模型采用现行《公路桥涵设计通用规范》(JTG D60)规定的车道荷载模型并分别布置在纵横向最不利位置;其结构模型一般采用平面杆系模型或空间模型,结构截面按照设计截面输入,截面刚度按照不开裂毛截面计算。挠度计算宜采用两个以上的程序计算并校核。

12.0.4 设计应提出要求,对桥梁的实际车辆荷载工况和环境变化及桥梁材料的变化、预应力的损失等影响建立长期观测、监测机制。

12.0.5 设计应根据桥梁建设期间施工和监理反馈的短期材料试验结果修正计算分析模型中的材料参数,降低设计计算和实际结果的差异。

12.0.6 大跨径梁桥结构静力计算时应考虑剪切变形对挠度的影响。

12.0.7 设计应提出对预应力进行长期检查的技术措施和止损措施,以便在实际发生损失时能够及时解决其引起的问题。

12.0.8 防止箱梁结构剪切开裂产生非正常下挠的配筋应符合以下规定：

1 箱梁顶板、腹板和底板均为抗剪构件，必须按计算配置抗剪钢筋。

2 箱梁顶板、腹板和底板中每平方米板的持久状况正常使用极限状态纵横向抗剪配筋相同，按下式计算：

$$\mu = \frac{A_g}{t} = (0.7\sigma_l)\% \tag{12.0.8-1}$$

式中：σ_l——作用（或荷载）短期效应组合下主拉应力（含预应力效应）（MPa）；

μ——配筋率（无量纲）；

A_g——使用阶段抗剪钢筋面积（m^2）；

t——板厚（m）。

3 箱梁顶板、腹板和底板中每平方米板的持久状况承载能力极限状态纵横向抗剪配筋率相同，按下式计算：

$$\mu_j = \frac{A_{gj}}{t} = (0.4\sigma_{lj})\% \tag{12.0.8-2}$$

式中：σ_{lj}——作用（或荷载）极限状态的主拉应力（不含预应力效应）（MPa）；

μ_j——配筋率（无量纲）；

A_{gj}——极限阶段抗剪钢筋面积（m^2）；

t——板厚（m）。

4 箱梁顶板、腹板和底板中每平方米板的纵横向抗剪配筋的最小配筋率相同，按下式计算：

$$\mu_{min} = \frac{A_{gmin}}{t} = (0.25f_{td})\% \tag{12.0.8-3}$$

式中：f_{td}——混凝土轴心抗拉强度设计值（MPa）；

A_{gmin}——最小抗剪钢筋面积（m^2）；

t——板厚（m）。

5 设计中抗剪钢筋数量取持久状况正常使用极限状态抗剪配筋数量和持久状况承载能力极限状态抗剪配筋数量中的较大值，并满足最小抗剪钢筋配筋率的要求。

6 抗剪钢筋形式应为面内纵横向网格均匀布置，可以将抗剪钢筋数量的各1/2平均分布在箱梁顶板、腹板和底板的两侧边缘（底板为上下缘，腹板为内外侧）。也可将抗剪钢筋沿板厚方向平均分布。

7 纵横向的网格间距应不大于200mm。

13 抗震设计

13.1 一般规定

13.1.1 大跨径预应力混凝土梁桥的抗震设防目标应符合现行《公路工程抗震设计规范》(JTJ 004)及《公路桥梁抗震设计细则》(JTG/T B02-01)的有关规定。

13.1.2 大跨径预应力混凝土梁桥场地所在位置应按现行《工程场地地震安全性评价》(GB 17741)规定进行地震安全性评价,并确定地震作用。

13.1.3 桥梁选址应选择设防烈度较低和对抗震有利的地段,尽量避开不良地质条件地区。对非岩石地基,尤其砂土液化地区,应对基础采取加强措施。

13.1.4 桥梁抗震设计应结合地形、地质条件、构造特点、工程规模及震害经验等因素确定桥型及墩台、基础形式。

13.1.5 桥梁抗震概念设计应包括以下内容:

1 桥梁的布置规则、受力明确、自重较轻、刚度和质量均匀、重心低。

2 采用有利于桥梁结构整体性的连接方式。

3 应在结构设计强度和位移延性之间,取得适当的均衡。

4 采用对抗震有利的延性结构或材料。

5 重视连接部位的抗震设计及墩柱的延性设计。

6 在选择结构塑性变形机制时,宜使预期的塑性铰出现在易于发现和易于修复的部位,如墩柱端部区域等。

7 在结构潜在塑性铰区域,应注意利用增加箍筋来提高约束作用,以提高延性构件的延性能力。

8 应明确结构体系中的延性构件和能力保护构件。

9 条件允许时,可采用隔震、耗能装置,减小桥梁的地震反应。

10 不宜在低墩设固定支座,低墩宜设置活动支座或减隔震支座。

13.1.6 桥梁抗震设计应采用图13.1.6的抗震设计流程进行。

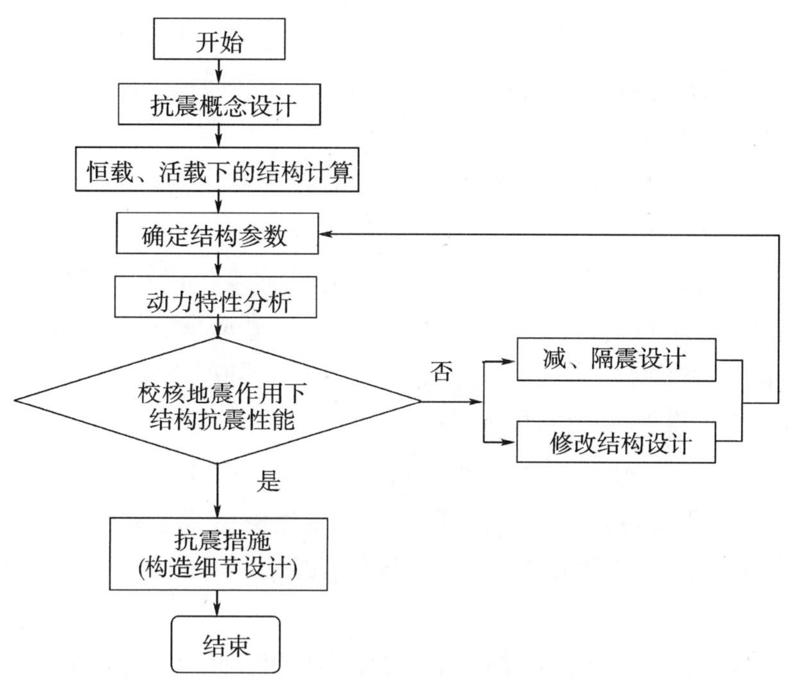

图 13.1.6　抗震设计流程图

13.2　地 震 作 用

13.2.1　桥址存在地质不连续或地形特征可能造成各桥墩的地震动参数显著不同，以及桥梁一联总长超过 600m 时，应考虑地震动的空间效应。

13.2.2　在进行工程场地地震安全性（地震动参数）评价时，应考虑断裂效应，包括上盘效应、破裂的方向效应等，尤其应注意设计谱长周期段的可靠性。

工程场地的地震安全性评价报告应提供：

1　相应于各个设防水准的基岩地震动加速度时程及位移时程；

2　场地地表及不同冲刷深度的地震加速度时程及位移时程；

3　加速度反应谱，频谱应包括结构第一阶自振周期在内的长周期成分；

4　桥址附近同类地质条件下的具有合理长周期分量的强震记录。

13.2.3　地震作用分量组合应满足现行《公路工程抗震设计规范》（JTJ 004）及《公路桥梁抗震设计细则》（JTG/T B02-01）有关规定的要求。

13.3　地震反应分析

13.3.1　在进行弹性地震响应分析时，可采用反应谱法，所取振型应保证各个方向有效质量比大于 95%。

13.3.2 在进行非线性地震响应分析时，应采用时程分析法，并满足以下要求：

1 对于每一个设防地震水准，都应选用不少于6组地震加速度时程进行分析，并取各组反应的平均值进行验算。

2 应选择两阶合理的振型来确定瑞利阻尼系数。

13.3.3 进行地震反应分析时，所采用的计算模型应能正确反映桥梁上部结构、下部结构、支座和地基的刚度、质量分布及阻尼特性。计算模型应满足以下要求：

1 应建立空间计算模型，并考虑与相邻联之间的耦联作用。

2 主梁、墩柱及主塔等采用空间梁单元模拟。

3 对几何非线性的影响可近似处理为只考虑恒载作用下的几何刚度。

4 如墩柱已进入非线性工作状态，则应选用适当的弹塑性单元来模拟。

5 进行非线性时程分析时，支承连接条件必须采用能反映支座力学特性的单元模拟。

6 桩—土—结构动力相互作用使结构的动力特性、阻尼和地震反应发生改变，应考虑其对桥梁地震效应的影响。对桩—土—结构相互作用采用集中质量模型或者简化模型进行分析。

7 当基础采用高桩承台形式时，应分析冲刷线变化对结构地震反应的影响，取最不利情况验算。

13.4 地震作用和效应组合

13.4.1 公路桥梁抗震设计应考虑以下荷载：

1 永久荷载，包括结构自重、预应力、混凝土收缩及徐变作用、土压力、基础变位作用、静水压力及浮力；

2 地震作用，包括地震动造成的地震作用、地震土压力、地震动水压力。

13.4.2 桥梁抗震验算荷载，应采用永久荷载与地震作用进行最不利组合。

13.5 钢筋混凝土墩柱延性设计

13.5.1 E2地震作用时，墩柱可作为延性构件设计，桥梁基础、盖梁和主梁宜作为能力保护构件。

13.5.2 在选择墩柱塑性变形机制时，宜使预期的塑性铰出现在易于发现和易于修复的结构部位。沿横桥方向，薄壁墩的端部变截面区域、双柱墩或多柱墩的端部区域为潜在塑性铰区域；沿纵桥方向，连续梁桥墩柱的底部区域或底部变截面区域及连续刚构桥墩柱的端部或端部变截面区域为潜在塑性铰区域。

13.5.3 墩柱的设计剪力按能力设计方法计算时，应为与墩柱的极限弯矩（考虑超强系数）所对应的剪力，在计算设计剪力值时应考虑所有潜在塑性铰位置以确定最大的设计剪力。

13.5.4 钢筋混凝土墩柱应进行延性设计，并应按以下要求采取构造措施：

1 墩柱刚度变化宜均匀，避免出现突变。

2 墩柱宜进行对称的纵向配筋，并且面积不宜小于 $0.006A_h$，同时不应超过 $0.04A_h$，纵筋之间的距离不应超过 200mm，至少每隔一根宜用箍筋或拉筋固定，A_h 为墩柱截面面积。

3 墩柱的纵筋应尽可能地延伸至横梁和承台的另一侧面，纵筋的锚固和搭接长度应在满足现行《公路钢筋混凝土及预应力混凝土桥涵设计规范》（JTG D62）要求基础上增加 $10d_s$，d_s 为纵筋的直径，同时不应在塑性铰区域进行纵筋的搭接。

4 墩柱潜在塑性铰区域应加强箍筋配置，加密区的长度不应小于弯曲方向截面墩柱高度的 1.0 倍或墩柱上弯矩超过最大极限弯矩 80% 的范围；当塑性铰区域位于墩柱底部时，加密区高度为截面高度；当墩柱的高度与验算方向横截面高度之比小于 2.5 时，加密区的长度应取全高。

5 对于箱形截面墩柱或者薄壁墩柱，在潜在塑性铰区域加密箍筋应配置内外两层环形箍筋，并在两层之间配置足够的拉筋。

6 加密箍筋的最大间距不应大于 100mm 或 $6d_s$ 或 $b/4$。其中，d_s 为纵筋直径，b 为墩柱弯曲方向的截面宽度。

7 箍筋直径不应小于 10 mm，配箍率不应低于纵筋配筋率的 1/4，且不应低于 0.4%。

8 螺旋式箍筋的接头必须采用对接，矩形箍筋应有 135°弯钩，并伸入混凝土核心之内 $6d_s$ 以上。

9 潜在塑性铰加密区配置的箍筋应延伸到横梁或者承台，并且延伸到盖梁或承台的距离不应小于墩柱长边尺寸的 1/2 或 500mm。

10 柱式桥墩和排架桥墩的柱（桩）与盖梁、承台连接处的配筋不应少于柱（桩）身最大配筋。柱式桥墩和排架桩墩的截面变化部位，宜做成坡度为 2∶1 ~ 3∶1的喇叭形渐变截面或在截面变化处适当增加配筋。

11 对于抗震设防烈度 9 度及以上地区，墩柱的潜在塑性铰区域在满足以上要求的前提下，应注意利用增加箍筋来提高约束作用，以提高构件的延性能力。

13.6 桥梁减隔震设计

13.6.1 进行减隔震设计的桥梁应针对各级设防水准分别进行设计和校核，分别满足 E1 和 E2 地震作用下的抗震性能目标。

减隔震设计的桥梁，应满足正常使用条件的要求。相邻上部结构之间必须在桥台、桥墩等处设置足够的间隙，以满足位移需求。

计算减隔震桥梁地震力时，可考虑顺桥和横桥两个方向的水平地震力和竖向地震力的最不利组合。

减隔震装置的构造宜尽可能简单、性能可靠，应在其性能明确的范围内使用；应考虑隔震系统的可更换性要求，并进行定期的维护和检查。

13.6.2 常用的减隔震支座包括：

1 铅芯橡胶支座；

2 高阻尼橡胶支座；

3 摆式减隔震支座。

13.6.3 减隔震桥梁应遵循如下的建模原则与分析方法：

1 减隔震桥梁的计算模型除满足本指南13.3节规定外，尚应正确反映减隔震装置的静力和动力特性。

2 计算减隔震桥梁地震影响时，宜取全桥模型进行分析，并考虑伸缩装置、挡块等因素的影响。

3 减隔震桥梁的地震力计算可采用反应谱法和动力时程法。进行减隔震桥梁抗震性能的校核时，宜采用非线性动力时程分析方法。

4 进行非线性时程分析时，必须采用能够合理反映减隔震装置实际力学特性的滞回模型，所输入的地震波加速度时程必须与设计谱阻尼值相协调，时程记录的持时应与震级和设计地震震源特性相协调。

13.7 抗震措施

13.7.1 梁端伸缩装置的选用宜考虑地震作用下的梁端位移。

13.7.2 应根据桥梁抗震计算结果设计合适的桥梁墩台帽宽度以及主梁与支承垫石间的搭接长度。

13.7.3 桥台胸墙应适当加强，并在主梁与桥台胸墙之间加装弹性衬垫和防落梁保护装置，以缓和冲击作用和限制梁的位移。

13.7.4 应考虑在主梁间加装弹性衬垫及防落梁措施，避免地震作用时可能产生的过大相对位移或落梁。

13.7.5 应重视挡块的设计和优化其构造，同时在挡块与主梁间设置缓冲装置。

14 抗风设计

14.1 风速计算

14.1.1 桥位处的基本风速 v_{10} 按 100 年重现期的风速选取，应符合现行《公路桥梁抗风设计规范》(JTG/T D60-01)的相关规定。

14.1.2 设计基准风速应按以下规定进行计算：

1 根据桥位处地表粗糙度情况进行地表分类，分为四类地貌，见现行《公路桥梁抗风设计规范》(JTG/T D60-01)。

2 桥梁各构件处的设计基准风速按下式计算：

$$v_d = 1.766k\left(\frac{Z}{H}\right)^{\alpha} v_{10} \tag{14.1.2-1}$$

式中：v_d——构件高度处的设计基准风速(m/s)；

v_{10}——桥位处基本风速(m/s)，按本指南第 14.1.1 条计算；

k——地形、地理条件系数，见表 14.1.2-1；

α——地表粗糙度系数，与地貌类型有关，见表 14.1.2-2；

H——梯度风高度(m)，与地貌类型有关，见表 14.1.2-2；

Z——构件的基准高度(m)，见表 14.1.2-3。

表 14.1.2-1 地形、地理条件系数 k

地形、地理条件	地形、地理条件系数 k
一般地区	1.00
山间盆地、谷底	0.75 ~ 0.85
峡谷口、山口	1.20 ~ 1.40

表 14.1.2-2 各类地貌的地表粗糙度系数 α 与梯度风高度 H

地貌类型	α	H(m)
A	0.12	300
B	0.16	350
C	0.22	400
D	0.30	450

表 14.1.2-3 构件的基准高度 Z

构 件	基 准 高 度
主梁	取下列两条中的较大值： 1. 支点平均高度 +（结构最大高程 − 支点平均高程）×0.8 2. 桥梁设计高度
桥墩	墩高 65% 高度处

3 当桥址处风速观测数据不充分或桥址所在地区的气象站距桥址较远且地貌差别较大时，宜设立桥址风速观测站，并可利用桥位处与附近气象台站的风速观测数据的相关性推算桥址处的设计风速 v_{s10}，构件高度处的设计基准风速按下式计算：

$$v_{d}=\left(\frac{Z}{10}\right)^{\alpha}v_{s10} \tag{14.1.2-2}$$

式中：v_{s10}——桥位处设计风速（m/s），即该地貌下地面或水面以上 10m 高度处，100 年重现期的 10min 平均年最大风速。

4 当桥梁跨越较窄的海峡或峡谷等不易确定地表类型的特殊地形时，可通过模拟地形的风洞实验、实地风速观测、数值风洞方法或其他可靠方法确定桥梁设计基准风速，此时在风速换算时不应考虑地形、地理条件系数 k。

14.1.3 施工阶段的设计风速计算应考虑施工周期，结合当地实际情况按现行《公路桥梁抗风设计规范》（JTG/T D60-01）的有关规定计算。

14.2 风荷载计算

14.2.1 风荷载计算应符合以下规定：

1 主要针对桥梁横桥向和顺桥向的顺风向风荷载（阻力）计算。

2 对于竖向力（升力）和扭矩，一般由平均风作用下的静力和抖振惯性力组成，且惯性力是主要的，只能通过风洞实验和详细的抖振分析得到。

3 主梁和桥墩上的风荷载计算应符合现行《公路桥梁抗风设计规范》（JTG/T D60-01）的有关规定。

4 风荷载参与永久作用和其他可变作用的组合应按现行《公路桥涵设计通用规范》（JTG D60）的有关规定执行。

5 当风荷载参与汽车荷载组合时，桥面高度处的设计风速 v_{d} 取为 25m/s。

6 悬臂施工时，应考虑不对称风荷载，按现行《公路桥梁抗风设计规范》（JTG/T D60-01）的有关规定计算。

14.2.2 高墩结构应考虑二阶效应。

14.3 风的动力效应

14.3.1 施工阶段应验算驰振稳定性,宜进行风洞实验(或数值风洞实验)或按现行《公路桥梁抗风设计规范》(JTG/T D60-01)的有关规定验算。

14.3.2 抖振响应分析应考虑脉动风的空间相关和动力特征以及结构的振动特性等因素。抖振响应宜通过随机抖振响应分析或风洞实验得到。抖振分析应包括所有可能被紊流激发的振型。

15　墩身施工

15.1　一般规定

15.1.1　墩身施工前应根据构造特点编制详细的施工技术方案、高墩施工安全措施、垂直度控制措施等。

15.1.2　墩身的施工方法可根据设计要求、桥位条件、施工经验、设备状况及技术经济比较选定。

15.1.3　墩身施工应根据墩身高度配置合理的设备。

15.1.4　首节墩身混凝土应在承台施工完成后7～10d内浇筑完成。

15.2　钢筋施工

15.2.1　钢筋加工、安装除应符合现行《公路桥涵施工技术规范》(JTG/T F50)有关规定、设计图纸的有关要求外，还应满足以下要求：

1　主筋接长完成后应及时绑扎箍筋，形成稳定的钢筋笼结构。

2　为便于钢筋快速安装，应尽量增大分节安装长度，并以9m、12m为宜，现场宜采用机械连接形式，并应满足现行《钢筋机械连接技术规程》(JGJ 107)的规定。

3　钢筋保护层设置应采用定型生产的混凝土垫块，其强度应高于主体结构混凝土一个等级。保护层垫块纵横向间距宜控制在0.8～1.0m之间，按梅花形进行布置。不得采用砂浆垫块。

15.2.2　承台内墩身预埋钢筋平面位置应准确，必要时应将首节墩身钢筋提前安装，并用型钢焊接成的套箍对墩身主筋准确定位，再浇筑承台混凝土。

15.2.3　在未安装箍筋前，应采取措施保证墩身主筋的垂直度。

15.2.4　墩顶段钢筋安装，应注意同步预埋上部箱梁施工预埋件或设施，包括支座垫石、墩顶托架、临时固结等；应避免预埋件与主筋平面位置冲突，严禁为安装临时预埋构件而随意割除主筋。

15.2.5 墩身高度超过30m时，钢筋安装还应满足以下要求：

1 每次钢筋接长高度不宜超过9m，且必须严格设置劲性骨架保证主筋安装精度及安全，骨架底端锚固在已浇筑墩身混凝土内，骨架立柱截面应经过计算选取；钢筋接高前测量劲性骨架的平面位置，确保竖向主筋接高后的垂直度和平面位置。

2 应利用劲性骨架设置可靠、稳定的钢筋操作平台和防护栏。

3 竖向主筋安装到位后，应尽快安装箍筋形成整体刚度；当风力超过6级时不宜安装钢筋，风力超过10级时应及时设置风缆或对劲性骨架加设斜撑。

15.3 模板施工

15.3.1 模板加工、安装除应符合现行《公路桥涵施工技术规范》(JTG/T F50)有关规定、设计图纸的有关要求外，还应符合本节以下各条规定。

15.3.2 首节墩身模板施工应符合以下规定：

1 首节墩身模板安装前，应采取措施确保模板和承台表面之间的密封性，防止混凝土浇筑过程漏浆。

2 应利用墩身钢筋、承台顶面设置的斜撑内外支撑，严格调整和固定首节模板，确保其平面位置与倾斜度满足要求。

15.3.3 墩身高度不超过30m时，宜采用翻模施工，并应符合以下规定：

1 安装模板单次浇筑混凝土高度应结合每节钢筋加工、安装长度，宜为4.5m、6.0m。

2 模板宜采用大块钢模，其分节分块可结合单次浇筑高度、吊装能力综合确定。

3 应在模板外侧围檩上布置宽度0.5～0.8m的三角挑架作为安全通道，各层通道竖向间距1.5m左右；挑架外侧布置1.0m高的栏杆，侧面、底面挂设安全网，作为环向通道和防坠平台。

4 用于支撑和定位下一节段混凝土浇筑设施的锚固模板高度不宜小于1m，并应经过抗滑计算。

5 模板在翻转时混凝土强度不得低于5MPa，或养护时间不得低于600℃·h。

15.3.4 墩身高度超过30m时，宜采用爬模施工，并应符合以下规定：

1 模板与锚固件连接均宜采用栓接，锚固件的位置必须严格控制，其精度应满足平面偏差不超过3mm，竖向同一层锚固件高程偏差不超过10mm的要求。

2 模板安装完毕，应对所有连接螺栓进行紧固检查，并应进行试爬检验，合格后方可投入使用。

3　模板每次爬升前,均应严格检查爬升设备,包括油缸、控制系统、制动系统、安全自锁装置等,确认满足要求后方可正式爬升。爬升时除必要的操作人员外,其他人员应撤离施工现场。

4　风力不超过6级、混凝土强度达到15MPa以上并满足对锚固力的要求时,方能进行模板爬升。

15.3.5　高墩施工设备布置应符合以下规定:

1　塔吊的布设应兼顾高效率、低成本、零风险。

2　上下安全通道的选型及布置应满足安装方便、运行安全可靠、运输效率高、抗风稳定性好、施工安全可靠等要求。上下安全通道优先选择电梯,对于50m及以下墩身可采用爬梯,50m以上高墩则应选用电梯。

3　混凝土泵管布置应满足墩身混凝土的浇筑要求。为方便混凝土泵管的安装、拆卸及维修,宜将泵管布置在塔吊立柱上,也可以布置在墩侧电梯附墙的位置。

15.4　混凝土施工

15.4.1　墩身混凝土配制、浇筑、振捣、养护除应符合现行《公路桥涵施工技术规范》(JTG/T F50)有关规定、设计图纸的有关要求外,还应符合本节以下各条规定。

15.4.2　墩身较矮时,混凝土可视具体情况采用吊斗、泵车等方式浇筑入模,如采用吊斗方式,应控制好混凝土供应速度,同时设置溜槽,以防止混凝土在入模过程中产生离析。

15.4.3　混凝土采用泵送时,应充分考虑桥墩钢筋较密等因素,严格控制粗集料粒径:最大粒径不得超过钢筋最小净距的3/4,在两层或多层钢筋结构中,不得超过钢筋最小净距的1/2,粗集料粒径不应超过泵送管径的1/3。

15.4.4　应加强墩身混凝土的养护。海上墩身应采用淡水养护或涂养护剂、覆盖塑料薄膜保湿等养护方式;接触流动水的构件应采取防水措施,保证混凝土浇筑后7d之内不受水的冲刷。

15.4.5　对浪溅区以下的新浇混凝土,应保证混凝土在养护期内并在其强度达到设计等级以前,不受海水侵袭。应尽可能推迟新浇混凝土与海水接触时的龄期,一般不宜小于6周。

15.4.6　应严格处理施工接缝,并宜人工凿除表面浮浆,露出新鲜混凝土粗集料;下一节段混凝土浇筑前应用高压水冲洗干净,以保证接缝质量。

15.4.7 高桥墩应采用以下防裂措施：

1 严格控制混凝土质量，水胶比不宜超过0.4；胶凝材料用量不宜超过500kg/m^3；含砂率宜控制在38%～41%。

2 混凝土浇筑过程中，应采取措施防止离析；混凝土终凝后及时保湿养护。

3 模板的拆除、爬升等环节必须在混凝土养护至规定强度后方可作业，避免混凝土早期受力产生裂缝。

4 墩底、墩顶实心段应按大体积混凝土施工，进行必要的温度控制。

16 墩顶0号梁段施工

16.1 一般规定

16.1.1 根据墩身高度、基础承载力等条件,墩顶0号梁段可采用落地支架或墩顶托架的方法进行现浇施工。

0号梁段长度达不到挂篮安装要求时,可将0号梁段和1号梁段整体一次浇筑。

16.1.2 0号梁段混凝土宜全断面一次性浇筑;但当0号梁段高度大于10m,一次立模、浇筑难度较大时,可分两次浇筑完成,分层位置宜取在2/3梁高附近。

16.1.3 根据悬臂施工需要,严格设置墩梁临时固结。不宜考虑利用0号梁段浇筑支架设置临时固结,如需要则必须对支架进行专门验算。

16.2 施工支架及模板

16.2.1 落地支架施工应满足以下要求:

1 落地支架宜支撑在承台顶面,对于承台尺寸无法满足的,应支撑在可靠的基础上。

2 支撑杆件宜优先采用具有足够刚度的钢管。

3 为消除支架的非弹性变形,应进行支架预压。

16.2.2 墩顶托架施工应满足以下要求:

1 墩顶托架可采用型钢、贝雷片或万能杆件等材料拼装而成,墩顶托架顶面高度应与箱梁底面纵向线形的变化一致。

2 墩顶托架根据施工要求,应进行支架预压。

3 墩顶托架宜采用三角托架形式。为避免托架安装时大量的现场焊接操作,条件具备时可优先采用整体安装工艺,预埋件宜选用可拆预应力锚固螺栓。

4 托架底模承重系统可采用挂篮底篮系统,减小反复拆装工作量。

5 托架设计时应考虑挂篮安装的操作空间需要。

16.2.3 支架安装与连接、预埋件设置应满足以下要求:

1 箱梁0号梁段施工的支架整体、局部均应进行强度和稳定性验算。

2　0号梁段支架应预留施工预拱度。为便于0号梁段支架的拆卸，应设置钢楔、砂筒或千斤顶等支架卸落设备。

3　支架宜采用装配式结构，以减少现场拼装焊缝及墩身侧面的预埋钢板。支架安装完毕后，可采取堆载等方式进行110%超载预压。

4　0号梁段现浇支架应经过设计复核满足要求后方可拆除。卸落支架时，应严格检查支架及模板系统与梁底的接触情况。支架拆除后，应及时修补墩身侧面预埋件处混凝土，并做好防腐处理。

16.2.4　模板应保证有足够的刚度，严格控制混凝土量。外模宜使用接缝较少的整体式大块钢模板，结构构造允许时，内模宜设计成自由开闭的结构。箱形结构内腔底板宜设置压模。若需冬期施工，应考虑附加在模板上的保温措施。

16.3　0号梁段临时固结

16.3.1　连续梁桥在0号梁段施工时必须在墩顶设置由高强度混凝土抗压临时支座和抗拉钢筋等组成的临时固结系统。

16.3.2　临时固结系统应进行不平衡弯矩作用下的抗倾覆验算，其稳定系数应不小于1.4。

16.3.3　抗拉锚固钢筋的布置应注意避开箱梁预应力钢筋，位置冲突时应适当调整锚固钢筋位置。

16.3.4　抗拉钢筋宜采用直径32mm以上的高强度精轧螺纹钢筋，钢筋布置间距不宜小于100mm，钢筋在墩身及梁体内的锚固长度应按现行《混凝土结构设计规范》(GB 50010)相关公式计算，一般不宜小于40倍钢筋直径，并保证锚固深度安全系数不小于2。

16.3.5　纵向采用多排锚固钢筋时，相邻两排钢筋锚固底端竖向宜错开20d(d为钢筋直径)布置。

16.3.6　抗压临时支座设置在永久支座两侧，宜采用C50及以上混凝土。混凝土垫块与墩顶接触位置可设置隔离层，以便于解除。

16.3.7　对于墩身及箱梁承受较大局部荷载的部位，应设置钢筋网进行加强。

16.3.8　临时固结的解除应符合设计体系转换程序的要求。

16.4 钢 筋 施 工

16.4.1 钢筋加工和安装除符合现行《公路桥涵施工技术规范》(JTG/T F50)相关规定外,还应满足以下要求:

1 对于直径大于25mm的钢筋宜采用机械连接,尽可能避免现场焊接。

2 竖向钢筋加工安装应和0号梁段分层浇筑位置紧密结合,并按规范要求错开接头位置。

3 应搭设脚手架或劲性骨架辅助竖向钢筋安装和定位。

16.4.2 箱梁的顶板底层横向钢筋、底板横向钢筋宜采用无接头通长钢筋。齿板等受力钢筋应与箱梁同时安装。在进行腹板和底板钢筋安装时,应将底板钢筋与腹板钢筋连接牢固,宜采用焊接。

16.4.3 普通钢筋对预应力管道有干扰时,可以将普通钢筋适当挪动或弯折,但不应影响混凝土浇筑质量,钢筋弯折时应尽可能采用较小的弯折角并应避免采用使混凝土向外崩裂的凹向弯折。

16.4.4 底板上下两层钢筋网应形成一个整体,并采用带弯钩的拉筋按梅花形1m间距拉结。箱梁横断面上架立钢筋应钩在最外侧钢筋上,并确保混凝土保护层厚度满足设计要求。

16.4.5 钢筋焊接时应采取措施对预应力波纹管予以保护,避免管道穿孔漏浆。

16.4.6 钢筋安装时可预埋挂篮悬浇施工构件和结构测试元件等。

16.5 混凝土施工

16.5.1 在保证混凝土强度、施工性能和耐久性的同时,混凝土配合比应尽可能减小混凝土的收缩、徐变,以预防混凝土开裂。

16.5.2 配制混凝土应选用品质稳定、强度等级不低于42.5的硅酸盐水泥(P·Ⅱ)或普通硅酸盐水泥(P·O)。在恶劣的海洋环境作用下宜采用高性能混凝土,矿物掺和料应作为必需组分。混凝土原材料应符合以下规定:

1 水泥:避免使用磨细高早强水泥和高C_3A含量的水泥,水泥比表面积不宜大于$400m^2/kg$,C_3A含量不宜大于10%;水泥的含碱量(按Na_2O当量计)不宜超过0.6%;使用时水泥的温度不宜超过60℃。

2　矿物掺和料：悬浇段混凝土的矿物掺和料宜选用粉煤灰和磨细矿粉，特殊环境下经试验论证可采用硅灰。

3　粉煤灰应选用组分均匀、各项性能指标稳定的低钙灰（F类）。其指标应符合现行《用于水泥和混凝土中的粉煤灰》（GB/T 1596）中Ⅰ级粉煤灰的规定。粉煤灰品质应首先注重烧失量和需水量比。

4　磨细矿粉比表面积宜控制在400～450m^2/kg；需水量比不大于100%；烧失量不大于5%；28d活性指数不小于95%；其他指标应符合现行《用于水泥和混凝土中的粒化高炉矿渣粉》（GB/T 18046）中S95级矿粉的规定。

5　粗、细集料：应采用非活性的集料；粗集料应质地均匀坚固，粒形和级配良好、吸水率低、空隙率小、含泥量低；细集料应粒形、级配良好，并严格控制含泥量。

6　粗集料应满足现行《建设用卵石、碎石》（GB/T 14685）Ⅰ类标准；当结构所处环境的季节温差或日夜温差变化剧烈时，宜选用线膨胀系数较小的粗集料，以提高混凝土的抗裂性。最大粒径应小于25mm，如果结构中钢筋密集，应适当减小集料最大粒径；粗集料的最大粒径与钢筋保护层的比值不应大于1/2。

7　细集料应选用Ⅱ级配区中砂，细度模数宜控制在2.5～3.0范围内，含泥量≤1.0%。在混凝土配制时应考虑砂的细度模数和级配情况；严禁使用海砂。

8　减水剂：宜选用优质聚羧酸类高效减水剂；减水剂应与水泥适应性好，满足混凝土技术要求。

16.5.3　混凝土配合比应按现行《普通混凝土配合比设计规程》（JGJ 55）和《高性能混凝土应用技术规程》（CECS 207）的规定，除根据设计要求的强度等级、耐久性及工作性能等进行配合比设计外，还应满足以下要求：

1　合理优化混凝土配合比参数，胶材用量、砂率及用水量的选择应兼顾工作性能和抗裂性能的均衡发展。混凝土抗开裂性比较方法参见附录C。

2　选用优质高效减水剂以尽量降低每方混凝土用水量，将最大拌和水用量作为控制混凝土耐久性的重要指标，混凝土用水量不宜超过160kg/m^3；混凝土拌和物流动性良好、无泌水现象，坍落度控制在180mm±20mm。

3　混凝土胶凝材料用量宜不超过550kg/m^3，不低于400kg/m^3。在海洋环境下采用高性能混凝土时，应复合使用矿物掺和料。宜掺入优质磨细矿粉、粉煤灰等矿物掺和料，降低水泥用量，混凝土绝热温升不宜超过55℃。

4　根据混凝土所处的环境条件，配制满足不同含气量要求的混凝土。预应力混凝土含气量不应超过3%，对于寒冷地区的预应力混凝土，应根据设计抗冻要求经试验确定。

5　应合理控制砂率、增加粗集料用量，以降低混凝土的徐变，提高混凝土体积稳定性，混凝土90d的干缩率宜小于0.06%。弹性模量控制在40～50GPa范围内。

6　在较小的水胶比下，保证混凝土在潮湿条件下养护，降低混凝土徐变；适当延长养护期，并适当推迟预应力张拉时间。

7　根据混凝土结构所处的环境，严格控制混凝土对氯离子的抗渗性，混凝土56d电通量小于1 000C；对于海洋环境下悬浇段混凝土，56d氯离子扩散系数小于2.0×10^{-12} m^2/s，测试方法见附录D。

16.5.4 混凝土浇筑前，应仔细检查混凝土保护层垫块的尺寸、位置、数量及其牢固性和配筋位置、数量、弯折形状、尺寸等，确保各断面配筋率和保护层厚度，保护层内不得有绑扎钢筋的铁丝伸入。垫块抗侵蚀性能和强度不应低于本体混凝土。

16.5.5 应首先浇筑支座处实心段混凝土，由于支座顶面钢筋较密，应采用小型高频振捣棒振捣，确保支座处混凝土振捣密实，然后浇筑倒角部分，再浇筑底板，最后浇筑腹板。分层厚度宜为300～400mm，相邻浇筑仓面混凝土高差不宜超过300mm。底板和腹板下部混凝土布料时，应设置串筒防止混凝土离析。

16.5.6 在浇筑底、顶板混凝土时一般采用插入式振捣器，而浇筑腹板时除采用插入式振捣器外，还应采用侧模附着式振动器加以辅助（一般1.2～1.4m^2布置一个）。当梁高较矮时，侧模振捣器可适当减少。对锚下混凝土应特别注意加强振捣，防止漏振。预应力管道密集区宜采用小直径的振动棒，并适当延长振捣时间。

16.5.7 浇筑腹板混凝土时混凝土经振动易沿腹板底部倒角处冒出底板。当底板冒出少量混凝土时不宜过早铲除，待腹板部位全部浇筑完毕后再作处理，以防止浇筑腹板混凝土时因混凝土尚未凝结而产生振动流失现象，致使腹板底部倒角出现局部空洞。底板混凝土可二次振捣，但振捣时机不能超过混凝土的初凝时间，也可以在内模腹板底部倒角与底板连接处增设一定宽度的水平模板，以防止混凝土溢出。

16.5.8 0号梁段混凝土防裂措施应符合以下规定：

1 采用低收缩、低水化热混凝土，优化配合比，降低水泥用量，掺加粉煤灰和矿粉等。

2 分次浇筑时，尽可能缩短两次浇筑的间隔时间，间隔期不超过7d，并以3～5d为宜。

3 加强混凝土终凝到7d龄期时间段内的保湿养护，条件具备时，保湿养护宜持续14d。

4 严格按设计要求的张拉顺序和张拉力施加预应力。

5 混凝土宜添加聚丙烯纤维或网状树脂纤维。0号梁段宜采取集料降温、表面覆盖、拌和水冷却等温控措施，确保混凝土出机温度不高于25℃，混凝土内表温差不超过20℃。

16.6 预应力施工

16.6.1 预应力施工除应符合现行《公路桥涵施工技术规范》（JTG/T F50）相关规定

外,还应符合本节以下各条规定。

16.6.2 钢绞线出厂前和进场后,必须按有关规定对其强度、外形尺寸、物理及力学性能等进行严格试验。如锚头裂缝探伤检验、夹片硬度检验、“锚具—钢绞线”组装件的锚固性能试验等。同时还应对锚圈口摩阻损失、千斤顶的内摩阻损失、管道摩阻、管道偏差系数等进行必要的测试工作,确定实测值与计算值之间的偏差。并对钢束的设计张拉力、伸长值作适当的修正,修正值应经设计单位书面认可。

16.6.3 预应力管道必须按设计给定的坐标准确定位,直线段每隔一定间距设一道定位筋(设置间距宜为60cm左右),曲线段适当加密。管道的连接应保证内部通畅,可设置内套管,避免因漏浆造成预应力管道堵塞。

16.6.4 张拉纵向预应力时混凝土强度应符合设计要求,设计无要求时不得低于设计强度的90%,混凝土龄期宜为5~7d。

16.6.5 预应力钢筋张拉应严格按照设计提供的张拉顺序和张拉控制应力进行,对称张拉顶、底板预应力,先长束后短束,先张拉纵向预应力后再张拉横、竖向预应力。终张拉采用张拉应力与伸长量双控。预应力钢束伸长量偏差在±6%以内。

16.6.6 箱梁腹板竖向预应力筋宜采用二次张拉和超张拉工艺;当采用精轧钢筋时,应采用反复张拉和超张拉工艺,以弥补由于操作和设备原因造成的预应力损失;对预应力粗钢筋锚固可采用能使锚固力数据化显示的扭力扳手。

16.6.7 当采用低回缩钢绞线作为竖向预应力筋时,应采用超张拉3%和二次张拉工艺,第二次张拉应精确测量张拉实际伸长值和二次张拉放张后锚杯与支承螺母相对位置差值,校验第二次张拉应力(也即永存预应力)是否达到要求,并记录存档。未达到规定要求的竖向预应力束应及时返工,达到要求后方可压浆、封锚。

16.6.8 横向预应力张拉时机以滞后于梁段施工2~3个梁段为宜。梁段接缝两侧的横向及竖向预应力应同批张拉。

16.6.9 预应力钢筋张拉完成后,除竖向预应力需在二次张拉后进行压浆外,纵向和横向预应力应立即进行压浆。压浆时,宜采用真空辅助压浆工艺,使孔道内的真空度稳定在-0.06~-0.08MPa之间。压浆前,应检查管道畅通和渗漏情况。压浆时,若从一端压不通,必须及时处理,不得从另一端补压代替。压浆顺序先下后上,同一管道压浆应连续进行,一次完成。压浆的最大压力不宜超过0.6MPa,压浆充盈度应达到孔道另一端饱满并于排气孔排出与规定流动度相同的浆体为止。关闭出浆口,应保持不小于0.3 ~0.5MPa

的压力且不少于3~5min，在无漏水、漏浆的情况下完成压浆。

16.6.10 压浆时，浆体温度应在5~35℃之间，压浆及压浆后3d内，梁体及环境温度不得低于5℃，否则应采取保温措施以满足要求。当白天环境温度高于35℃时，压浆应在夜间进行。

16.6.11 压浆选用材料需具有强度均匀、体积膨胀稳定、黏结力强、抗腐蚀性好等特点。浆体强度应不低于本体混凝土强度，水灰比小于0.35，泌水率小于3%，拌和后3h减小到2%，24h内全部吸收。通过试验可适当掺入膨胀剂（严禁采用铝粉），自由膨胀率小于10%，水泥浆稠度在14~18s之间。推荐采用专用后张法预应力管道压浆材料，可选用现场按比例加水即拌即用型，或专用管道压浆剂与现场水泥、水拌和型。

16.6.12 已经张拉完成并压浆的钢束，应作出标记并经监理工程师认可。压浆结束后，立即用高压水对箱梁表面进行冲洗，防止浮浆黏结，以保证桥面铺装调平层混凝土与箱梁的黏结质量。

16.6.13 压浆后3d内不得切割钢绞线和碰撞锚具，并尽早进行锚头封锚槽口的封锚，封锚混凝土中应加设钢筋网并适当添加微膨胀剂。封锚前应先将锚具周围冲洗干净并凿毛，再浇筑封锚混凝土。对于横向预应力钢筋，封锚时还应注意封锚混凝土和周围混凝土颜色一致，保持混凝土表面的美观。

17 悬浇梁段施工

17.1 一 般 规 定

17.1.1 悬浇梁段施工前应编制详细的施工实施细则,同时编制每一工序安全操作规程,对上岗人员应进行培训和安全技术交底,统一指挥,协调施工,防止安全事故的发生。

17.1.2 挂篮使用前应进行荷载试验,检验挂篮的安全性,消除非弹性变形并测定弹性变形量与荷载的对应关系。

17.1.3 在通航河道上施工时,挂篮最低位置应在通航净空限界之上,并应有防落物措施。同时应经航政或海事部门许可,设置航标指示及发布航行公告。施工完毕,对施工影响段河道及时进行清理。

17.1.4 施工阶段应对桥梁线形和结构的应力、变形值进行监测,以保证施工过程中结构应力及成桥线形符合设计要求。

17.1.5 悬浇梁段施工宜采用“三双控”措施,即:张拉预应力时混凝土强度及龄期双控;拆模时间、拆模温度双控;预应力张拉时张拉力和伸长量双控,并以张拉力为主,伸长量为辅。

17.1.6 悬浇梁段钢筋施工应满足本指南 16.4 节相关规定;预应力施工应符合本指南 16.6 节相关规定。

17.2 挂 篮 施 工

17.2.1 挂篮设计应满足以下要求:

1 挂篮应受力明确、坚固稳定、变形小、结构简单、便于锚固和装拆,并且应尽可能减轻自重。

2 挂篮设计时宜优先选用挂篮与模板整体前移的方案。挂篮后锚体系宜结合结构竖向预应力筋的布设综合进行考虑。

17.2.2 挂篮主要设计控制参数应符合以下规定：

1 挂篮总重应控制在设计限重之内。

2 挂篮承载结构悬臂端允许最大变形一般不超过悬臂长度的1/250，且最大变形不宜超过20mm；模板变形应小于模板加劲肋跨度的1/500。

3 挂篮行走时的抗倾覆安全系数不应小于2.0。

4 挂篮浇筑混凝土时锚固系统的抗倾覆安全系数不应小于2.0。

5 限位系统安全系数不应小于2.0。

17.2.3 设计挂篮时应考虑以下荷载：

1 控制节段混凝土重量，钢筋混凝土重度一般按25～26kN/m^3 考虑。

2 挂篮自重。

3 模板重量。

4 施工及人群荷载，一般按4kN/m^2 考虑。

5 浇筑混凝土引起的附加荷载。

6 风（台风）、雪荷载。

7 冬季施工保温设施重量。

17.2.4 挂篮设计时必须保证有足够的强度、刚度和稳定性，并应满足以下要求：

1 挂篮应满足最不利荷载组合下的强度及刚度的要求。

2 挂篮设计宽度达到28m以上时，对挂篮的侧向刚度及横向稳定应着重进行相应的验算。

17.2.5 挂篮的制作应满足以下要求：

1 挂篮制作必须采用设计选用的材料并满足相应规范和标准的要求。若有疑问时应进行材料的力学性能试验。

2 挂篮在制作安装之前，应按相关技术规范、设计文件和施工图的要求，编制工艺规程和安装施工组织方案并严格遵照执行。

3 挂篮的焊缝质量应达到设计图的要求。承重部位构件的焊缝必须进行超声探伤检验。

4 挂篮各单件的加工重量应根据现场最大吊重能力及运输条件确定。

5 关联构件制作时应根据结构装配图考虑预留安装工艺余量，以方便安装施工及保证安装精度。

6 若构件采用高强螺栓连接，则接头连接板件宜在各构件预拼定位后套模加工成孔。

7 若采用高强螺栓连接，则连接摩擦面应先进行除锈喷漆等处理，其抗滑移系数应大于0.35或通过试验确定。

8 挂篮所有外购设备及成品零件均应有生产厂家的产品检验证书及质量保证文件，

其技术性能指标必须达到设计要求。

17.2.6 挂篮的安装应满足以下要求：

1 挂篮宜在制造工厂或工地进行预拼装。对预拼装发现的问题应及时解决。预拼装结果应做好记录、标记并绘制编号图，以便现场安装时作为对照和参考。

2 各构件安装精度除施工图中已有明确规定外，还应满足现行规范中有关结构的安装精度要求。

3 安装焊缝的质量应满足设计及相关规范的要求，高强螺栓接头的施工应执行相应的标准。

4 安装时应确保各构件定位尺寸的安装精度要求，安装完成后应有相应的检测记录。

5 若0号梁段长度不足以安装一对完整挂篮时，可以搭设墩顶临时托架或落地膺架，或将一对挂篮设计成联体结构，待1号块浇筑完成后再分离。

6 高空拼装挂篮时，应设置高空安全作业平台，并尽可能减少挂篮高空拼装作业量，降低安全风险。

7 安装后轴线偏差应小于10mm；高程与监控值之差小于10mm。

17.2.7 挂篮行走一般分为轨道前移和挂篮前移两阶段，在各个施工阶段中应注意各锚固受力点力的释放和施加的先后顺序，确保挂篮行走过程的安全。

17.2.8 挂篮使用过程中应满足以下要求：

1 根据施工需要宜增设操作平台与走道，并应在安全可靠前提下尽量减轻重量。

2 遇6级以上大风或雷雨等恶劣天气时，严禁前移挂篮或提升模板。

3 挂篮施工预留孔应做到不漏埋，不歪不斜。

4 挂篮前移时，严禁在挂篮上或桥面施工节段处堆放过多机具、材料及杂物等，禁止不必要的人员停留在工作平台上。

5 挂篮移动就位调整后，必须保证所有吊杆均匀受力，挂篮锚杆及吊杆使用一定时间后应对其进行定期检测。不宜采用精轧螺纹钢筋用于挂篮的后锚，挂篮后锚宜采用低碳钢带制作。

6 每根挂篮桥面后吊杆、外模板吊杆及底篮后吊杆均应施加一定的预紧力，确保挂篮的安全。

7 在操作吊带上升或下降时应注意防止误操作使其拉断或脱落。

8 锚杆卸载时应注意对称卸载，以免偏载或产生过大的附加荷载。

9 宜在吊杆之外再附加一部分倒链葫芦作为吊杆的安全储备。

17.2.9 挂篮荷载试验应满足以下要求：

1 挂篮应进行整体结构强度、刚度试验。试验时应进行额定荷载和不小于1.1倍设计荷载的超载试验，同时进行静应力与变形检测。通过模拟挂篮悬浇施工所受荷载，检验挂篮结构强度、刚度是否满足设计要求。

2　每一副挂篮均应对主桁应力及变形进行检测。试验荷载由设计单位、挂篮设计单位、挂篮施工单位共同确定。应力及变形测点由挂篮设计方确定。

3　试验方应根据荷载试验的要求，编制试验大纲；试验大纲应包括试验程序、加载方法、检测方法等；试验大纲应由挂篮施工单位、挂篮设计方及监理工程师审定认可。

4　挂篮荷载试验可采用水箱加载、材料堆载及预应力张拉等方法或相互结合的方法。

17.2.10　挂篮验收标准可参照表 17.2.10 执行。

表 17.2.10　验收内容一览表

序号	检验内容	允许值	检测方法
1	挂篮重量	小于设计值	现场计量
2	抗倾覆系数	不小于 2	第三方审核
3	自锚安全系数	不小于 2	第三方审核
4	斜拉水平限位安全系数	不小于 2	第三方审核
5	水平限位安全系数	不小于 2	第三方审核
6	主桁变形	小于 20mm	现场测量

17.2.11　混凝土悬浇结束后，挂篮可根据环境条件采用不同的方法拆除。挂篮悬吊部分可在合龙口处用卷扬机或千斤顶拆除，或退回 0 号块位置下放拆除；上部支架部分可利用桥面吊车拆除。

17.3　模 板 施 工

17.3.1　模板应有足够的刚度，且最大变形不得超过 2mm，侧模及底模应采用整体式大块钢模。因结构断面原因内模无法采用整体收分模板时，宜采用组合钢模板。模板与已成梁段相衔接的位置应平顺。

17.4　混凝土施工

17.4.1　除参照本指南 16.5 节的规定外，还应满足本节以下各条要求。

17.4.2　悬浇段混凝土配合比设计时，应通过实测修正混凝土的设计重度，确保悬浇梁段自重与设计值的误差在 ±3% 以内。应在保证抗压强度、施工输送性能和耐久性的同时，使混凝土的收缩、徐变、抗拉等性能符合要求，以预防和减少混凝土裂缝，确保桥梁在设计年限内安全使用。

17.4.3 挂篮悬浇施工要求“T”构两侧同时对称进行，以尽量减少不对称荷载。不平衡荷载不允许超过设计允许值。已浇筑梁段及现浇梁段上不宜堆放施工用料、用具等。

17.4.4 应根据挂篮前端的垂直变形及预拱度设置，在施工过程中对悬臂浇筑段前端底板和桥面实际高程进行监测，按照设计控制值及时调整。

17.4.5 应采取合理措施严格控制浇筑完成的梁段与正在浇筑的梁段的温差，两者温差不宜大于20℃。相邻两梁段浇筑的龄期差不宜大于10d。

17.4.6 悬臂浇筑箱梁段宜全断面一次浇筑，先底板，后腹板，最后浇筑顶板，并在初凝时间以内保证每一节段混凝土浇筑完毕。腹板可采取水平分层浇筑，每层浇筑厚度宜为300~400mm。浇筑顶板时应控制好高程及平整度，并应进行3次收面，防止混凝土产生收缩裂纹。

17.4.7 混凝土浇筑过程中加强梁段底模高程的监测和内外模板的巡视检查，避免出现胀模等结构尺寸出现偏差的现象；严格控制节段混凝土的浇筑方量，避免梁段出现超重现象。箱梁顶面浮浆应及时清理和整平，并进行拉毛处理，增强混凝土表面粗糙度。

17.4.8 混凝土养护期间，宜在顶底板上搭设临时便道，严禁在预应力管道上方踩踏。混凝土的拆模时间，应根据混凝土强度及施工安排确定，混凝土强度一般不宜低于设计强度的80%。

17.5 悬浇段接缝处理

17.5.1 混凝土梁段接缝应进行凿毛处理，凿毛深度不宜小于10mm，表面不得有浮浆且应露出粗集料。

17.5.2 浇筑前应将模板内清理干净，当人工无法进入清理时，可采取高压水、空气冲洗或空气负压吸尘等方法，并保持结合面湿润。

17.5.3 应注意对接缝位置预应力筋及其孔道的保护，防止孔道阻塞。

18 边跨现浇段施工

18.1 一 般 规 定

18.1.1 边跨现浇段施工支架应进行专门的结构设计计算,并制订详细的施工实施方案。

18.1.2 边跨现浇段应从边墩(台)向合龙段浇筑,边跨现浇段拆模后梁底与支架模板之间应完全脱离,确保边跨合龙后预应力张拉前边跨现浇段能自由滑动,避免混凝土拉应力过大。

18.1.3 用于边跨现浇段的临时承重支架应确保有足够的强度、刚度和稳定性,且变形值在允许范围内。支架现浇段轴线偏差宜小于10mm,高程偏差宜小于10mm。

18.1.4 边跨现浇段钢筋施工应符合本指南16.4节相关规定;混凝土施工应符合本指南16.5节相关规定;预应力施工应符合本指南16.6节相关规定;模板施工应符合本指南17.3节相关规定。

18.2 边跨现浇段支架

18.2.1 支架的形式应根据结构情况、地形地质水文条件、环境保护要求、材料和设备情况等方面综合考虑。其结构形式主要分为满堂落地支架、少柱式落地支架和附墩支架。不宜采用钢木混合支架或木支架。

18.2.2 支架应满足以下要求:

1 满堂支架必须安置在有足够承载力的地基上,基础可采用换填砂、石基础,并对基础夯实,宜加设垫板以分布和传递压力。地面应有良好的排水措施。

2 少柱式支架可采用桩基础、扩大基础,基础设计应满足承载力及沉降控制要求。

3 位于河道中的支架应充分考虑洪水和漂浮物的影响。

4 支架在安装前要设置一定的预拱度。支架上要设置落架设备,落架时要对称、均匀,不应使主梁局部受力。

18.2.3 支架荷载及荷载组合应符合现行《公路桥涵施工技术规范》(JTG/T F50)中有关模板、支架的要求。

18.2.4 稳定性及刚度应符合以下规定:

1 支架的立柱应保持稳定,并用撑拉杆固定。当验算模板及其支架在自重和风荷载作用下的抗倾覆稳定时,稳定系数不得小于1.3。

2 支架受载后挠曲的杆件(盖梁、纵梁),其弹性挠度小于相应结构跨度的1/400。

18.2.5 边跨现浇段的支架应进行预压,以消除支架的非弹性变形。测定弹性变形,在浇筑混凝土前按照梁段重量预加施工荷载的10%、20%、30%、50%、80%、100%、110%逐级加载预压,并且每级持续时间在30min以上,最后两级应间隔1h。预压可采取水箱(袋)、砂袋等加载法进行。采用砂袋加载时应特别注意砂受雨淋后重度的变化。支架预压后的稳定标准为连续观测24h沉降变形小于2mm。

18.2.6 支架在确定预拱度值时,应考虑以下因素:

1 支架承受全部荷载时的弹性变形以及基础的沉降量。

2 加载后由于构件结构挤压所产生的非弹性变形(塑性)挤压值。

3 由结构重力引起梁的弹性挠度,以及1/2汽车荷载(不计冲击力)引起的梁的弹性挠度。

4 超静定结构由于混凝土的收缩、徐变及温度变化而引起的挠度。

5 施加预应力所产生的反拱值。

18.3 现浇段施工缝设置要求

18.3.1 现浇段施工缝只允许垂直分段而不允许水平分缝,分段位置宜设置在结构受剪力和弯矩较小且便于施工的部位,并经设计单位同意。

18.3.2 现浇段施工缝的处理要求同悬浇梁段。在浇筑混凝土前,对垂直施工缝宜刷一层水泥净浆。

19 合龙段施工

19.1 一 般 规 定

19.1.1 合龙段施工前应做好合龙前的各项准备工作,加强测量的观测工作,在对测量数据进行分析的基础上制订相应的合龙方案。

19.1.2 为消除混凝土收缩徐变因素对跨中下挠的影响,在总工期允许的条件下,推荐采用跨中合龙前静置不少于3个月,合龙后再放置不少于1个月施加二期恒载的方法。

19.1.3 合龙顺序应按设计要求进行。设计无要求时,宜先边跨,后次中跨,再中跨。合龙时所有临时桥面荷载堆放均需征得设计和监控单位同意。

19.1.4 合龙时间和合龙温度应满足设计要求。当气温不能满足要求时,应通过内力调整来达到设计合龙温度。合龙宜选择在一天中气温最低且稳定的时段进行。

19.1.5 合龙时梁端相对高差不得超过20mm,相对轴线偏差不得超过10mm。合龙线形应符合设计及监控目标线形,可根据设计要求设置一定的预拱度。合龙状态时的施工荷载及其他情况应符合设计要求,保证应力状态与设计相符。

19.2 边跨合龙段施工

19.2.1 合龙前应采用劲性骨架对两悬臂梁段进行临时约束锁定。临时锁定方式可根据悬臂梁长度、合龙时温度等情况选择内外刚性支撑法、仅设外(内)刚性支撑法、外(内)刚性支撑和张拉临时预应力钢束共同锁定法等方法中的一种。

19.2.2 应采取措施防止劲性骨架与预埋件焊接时产生的高温对混凝土的不利影响。

19.2.3 对于有支架现浇段梁体来说,边跨合龙段劲性骨架不仅应满足轴向变形的要求,还应满足边跨剪切变形和弯曲变形的要求。

19.2.4 混凝土浇筑前,应对合龙段支架进行预压,防止浇筑过程中支架产生沉降变形。

19.3 中跨合龙段施工

19.3.1 中跨合龙前,应经过连续几天的环境温度变化观测,掌握温度变化规律后,选择一天中气温最低的时间对合龙段两侧混凝土梁进行临时锁定。可采用内外刚性支撑法、仅设外(内)刚性支撑法进行临时锁定。

19.3.2 当合龙温度低于或高于设计确定的合龙温度时,可采取对梁段施加水平顶推力的方法对合龙段形成一定的预压应力进行合龙,临时锁定装置可采用劲性骨架和张拉临时预应力索,在凌晨温度最低的时间进行顶紧,再对顶板及底板处与支撑位置相对应的预应力索进行张拉,形成内撑外拉的临时锁定体系。

19.3.3 采用顶推方法时,顶推位置和顶力应对称均匀,顶力和位移值应以监控数据为依据,重新进行计算分析后确定。合龙骨架的安装应满足由温度引起的拉压变形的要求。

19.3.4 混凝土浇筑前,合龙口两端悬臂配重应符合设计要求并于混凝土浇筑过程中逐步撤除。一般情况下,施加在两悬臂端的配重约为合龙段梁体重量的一半,在合龙段混凝土浇筑过程中,与新浇筑混凝土增加的重量同步进行卸载。施加配重可采用水箱或预制混凝土块等方式。

19.4 合龙段混凝土施工

19.4.1 宜选择一天中气温较低时浇筑合龙段混凝土,应采用微膨胀混凝土,或添加网状树脂纤维、聚丙烯纤维等,并在搅拌前对砂、碎石进行洒水降温,降低浇筑温度,同时尽量降低水灰比,采用高效早强减水剂,宜将混凝土强度等级提高一级。

19.4.2 在混凝土浇筑过程中,要随浇筑混凝土的增加,不断调整配重荷载,使其竖向变形相对稳定,不产生竖向相对位移,以减小附加应力。

19.4.3 混凝土浇筑应低温快速,振捣应密实,不得出现过振和漏振的现象。混凝土浇筑完成后应及时养护,保持水分充足,以防混凝土开裂。

19.4.4 预应力筋的穿束宜在合龙段混凝土浇筑前进行。

19.5 预应力施工

19.5.1 为防止混凝土早期裂缝,合龙段预应力钢筋的张拉可分阶段进行,初始张拉应力宜控制在最终张拉力的35%，且混凝土强度应大于设计强度的60%，终张拉混凝土强度应大于设计强度的90%。

19.5.2 张拉作业中，梁的两端要随时保持联系。发生异常现象时应及时停止，找出原因，及时处理。张拉顺序应满足设计要求。

19.5.3 张拉作业中，要对钢绞线束的两端同步施加预应力，因此两端伸长量应基本相等。当两端的伸长量相差较大时，应查找原因，纠正后再进行作业。

19.5.4 当气温在 -15℃以下时，禁止进行张拉作业，以免因低温而使钢束在夹片处发生脆断。预应力钢束张拉完毕后，严禁撞击锚头。

20 体系转换

20.0.1 体系转换对于连续梁内力影响较大，必须结合监控参数，严格按设计程序及规范要求施工。

20.0.2 施工前应对操作人员进行必要的技术培训，熟知操作流程。操作过程中应统一指挥，做到安全稳妥、万无一失，确保施工质量。

20.0.3 体系转换前，吊架、挂篮等施工临时荷载应严格按设计要求卸载或退至设计指定位置，并做到两悬臂端对称进行。

20.0.4 体系转换时机应严格遵循设计规定，并在做好充分的准备工作后，快速完成。

20.0.5 临时支座拆除可采用电锯，或者采用风镐凿除，临时支座浇筑时宜在临时支座与墩顶和箱梁底之间设置隔离层，降低拆除难度，避免拆除过程中损伤结构混凝土。

20.0.6 解除约束过程中应加强各节段的高程监控、梁体内应力监控以及箱梁的水平位移和垂直位移监控。

20.0.7 拆除临时支座时，墩顶四周应挂防护网，防止作业人员高空坠落及拆除的支座掉落伤人等。

21 施工控制

21.1 一般规定

21.1.1 大跨径预应力混凝土梁桥上部构造施工阶段，应委托具有相应能力的单位对桥梁线形和结构的应力、变形值进行施工控制，以保证施工过程中结构应力及成桥线形符合设计要求。

21.1.2 施工控制的目标值应比照设计方提出的相应指标。

21.1.3 为了协调业主、设计、施工、监控、监理各方的关系，施工控制流程图可参照图21.1.3执行。

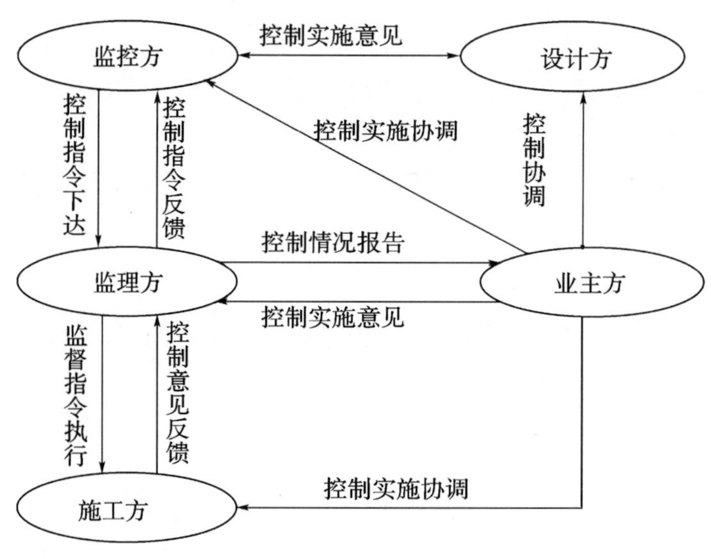

图21.1.3 施工控制流程图

21.1.4 施工单位应如实提供施工监控所需要的施工参数，配备专业人员配合监控单位采集数据，并应严格执行监控、监理单位的指令。

21.1.5 施工监控方法主要包括：开环控制、反馈控制、自适应控制。对于大跨度连续梁宜采用自适应控制。

21.2 施工监控实施

21.2.1 施工控制应满足以下要求：

1 结构建成时应达到设计所希望的几何形状。

2 应使结构在建成时达到合理的内力状态。

3 施工过程中保证结构的安全。

21.2.2 施工监控的工作内容主要包括：

1 监测桥梁结构在施工过程中主要的应力、应变状态及分析桥梁位移测量数据。

2 配合施工单位对施工方案提出合理建议。

3 验算施工过程中各断面的应力状态及结构的稳定性能，对危险施工工况提出警告。

4 复核设计单位提供的主要工况的挠度变化值。

5 协助施工单位进行施工挂篮静力荷载试验。

6 混凝土弹性模量、重度的测定和收缩、徐变系数的确定。

7 协助设计单位提供合理的施工立模高程及混凝土浇筑方案建议。

8 协助设计单位提供施工单位合理的预应力张拉方案。

9 协助设计单位提供合理的合龙温度。

10 协助设计单位提供成桥后桥面铺装高程。

11 协助施工单位进行施工方案优化。

12 对本桥的横向和局部应力、变形提供参考意见。

13 对于施工工艺提供参考意见。

14 对施工中出现的问题和意外事故会同有关部门提出合理的参考处理方案。

21.2.3 施工线形监控应满足以下要求：

1 大跨度桥梁的线形控制是施工—量测—识别—修正—预测—施工的循环过程，即首先根据结构模型分析计算，确定箱梁理论定位高程并实施，然后监测已完成梁段的高程和平面位置，将已完成梁段的实际高程和理论高程相比较，在对偏差的结果综合分析的基础上，对下一悬臂施工梁段的定位高程和平面位置加以调整。

2 线形控制目标：合龙时相邻梁段高差控制在20mm以内，成桥后线形与所有点设计线形误差控制在50mm以内。

3 施工监控以挂篮前移一定位置到预应力张拉完毕为一个施工周期，每个施工周期可采用以下监控步骤：

1）根据监控组提供的高程前移挂篮并立模；

2）浇筑混凝土；

3）张拉前测量所有已施工梁段控制点高程，报监控组；

4）预应力张拉；

5）张拉后，再次测量所有已施工梁段控制点高程，报监控组；

6）监控组根据测量数据计算后给出下一阶段立模高程。

4　施工控制过程中，立模高程计算可参考下式：

箱梁节段立模高程＝箱梁设计高程＋设计预拱度＋挂篮变形量×挂篮偏差系数＋成桥时该节段挠度

5　控制点可布置在箱梁节段端部梁底和梁顶面左、中、右位置各布置3点。其中线形控制宜采用梁底左、中、右3点和梁顶中间点。梁顶左右两点可作为横桥向线形控制。

6　为减小温度偏差，一般在结构温度趋于稳定的时间区段内（一般为夜间10：00至次日凌晨6：00）测量。

7　对需定期监测的结构几何形态参数的监测是指那些无需全过程监测的控制量进行定期复核性监测，了解诸如桥墩、箱梁等有无超出设计范围的异常变形或变位，属于结构安全性监测。

21.2.4　应力监测一般通过设置在梁段和墩身的控制断面上的应变计进行量测，钢筋和混凝土采用钢弦式应变计，在钢筋骨架绑扎成型且混凝土浇筑前埋设，应变计的量程和种类取决于设计图中的钢筋直径及该截面的设计内力，埋设之前应在试验室进行标定。应力监测的工作内容主要包括：

1　观察施工过程中的箱梁截面混凝土正应力是否在设计范围内以及预应力钢束锚固、恒载、体系转化等作用下混凝土正应力变化等。

2　监测桥面板横向混凝土正应力，观测预应力钢束张拉锚固的有效影响范围。

3　监测箱梁在合龙后混凝土主应力是否在设计要求范围内。

4　预应力监测应根据理论计算张拉时梁体应力分布特点，确定应力监测点，除了对箱梁混凝土纵向应力测试外，施工时还对跨中区域箱梁底板横向及竖向引力情况进行监测。由于箱梁底板的钢筋及预应力管道分布较为密集，可在梁体外粘贴高精度弓形应变传感器进行测试。

21.2.5　温度监测应满足以下要求：

1　混凝土中温度测试可选用直径为4mm的热敏电阻温度传感器，通过电子式温度指示仪数字显示，分辨率为0.5℃，在箱梁或T梁的顶板、底板、腹板预埋温度传感元件。

2　温度传感器在相应阶段浇筑前预埋在箱梁混凝土内，选择在不同条件下（夏天与冬天、晴天与阴雨天等）进行3d不间断地连续观测，晴天每隔1h观测一次测点的温度，阴雨天每隔2h观测一次。

21.2.6　施工监测仪器主要包括：

1　全站仪、精密水准仪、经纬仪、因瓦水准尺；

2　钢弦式应变计；

3　便携式综合测试仪；

4　计算机及输入输出设备。

21.2.7　监控测试要求在无风或微风、无施工作业状态下进行，测试时间应尽量短。

21.3　控制标准

21.3.1　梁段施工高程设置按下式计算：

$$H_{施} = H_{设} + \sum f_1 + \sum f_2 + f_3 + f_4 + f_5 \qquad (21.3.1)$$

式中：$H_{施}$——梁段施工立模高程；

$H_{设}$——箱梁设计高程；

$\sum f_1$——自身及后续梁段自重对立模梁段产生的挠度总和；

$\sum f_2$——自身及后续梁段张拉预应力对立模梁段产生的挠度总和；

f_3——挂篮自重及其自身变形产生的挠度；

f_4——二期恒载对立模梁段产生的挠度；

f_5——箱梁因混凝土徐变、收缩及长期使用荷载对立模梁段产生的挠度。

上式各项挠度向上取负号，向下取正号。

考虑到大跨径混凝土桥梁混凝土徐变、收缩等产生的挠度 f_5 的影响因素比较复杂，箱梁立模高程应综合考虑有关科研及材料试验成果，确定收缩徐变计算参数，通过施工监测与控制，在施工前确定。

21.3.2　合龙段的施工控制应满足以下要求：

1　合龙时，梁端相对高差不得超过 20mm，相对轴线偏差不得超过 10mm。

2　低温安装合龙段劲性骨架时，可采取预顶措施。

3　低温浇筑合龙段混凝土。

21.3.3　施工时间安排应满足以下要求：

1　单 T 长悬臂应避开台风期；6 级以上风力时不得移动挂篮，且必须保证挂篮与主梁连接的稳定性。

2　当为两幅桥时，要求两幅桥同时施工，浇筑梁段数相差不宜超过 1～2 个梁段；每半幅桥的两个单 T 同时施工，浇筑梁段数相差不宜超过 1 个梁段；每个单 T 要求对称悬臂浇筑，允许的不对称自重不得大于一个梁段的底板自重。

附录 A　大跨径预应力混凝土梁桥主要开裂形式

大跨径预应力混凝土梁桥主要开裂形式见表 A-1。

根据大样本调查的统计结果,从裂缝对结构安全的影响度和出现的频度上分析,腹板斜裂缝和顶底板的纵向裂缝是最主要的箱梁裂缝形式。在设计与施工中应尽可能避免出现这些裂缝。

表 A-1　预应力箱梁常见裂缝的形态及位置

裂缝性质	裂缝形态	常见位置
底板横向裂缝、腹板下缘竖向裂缝	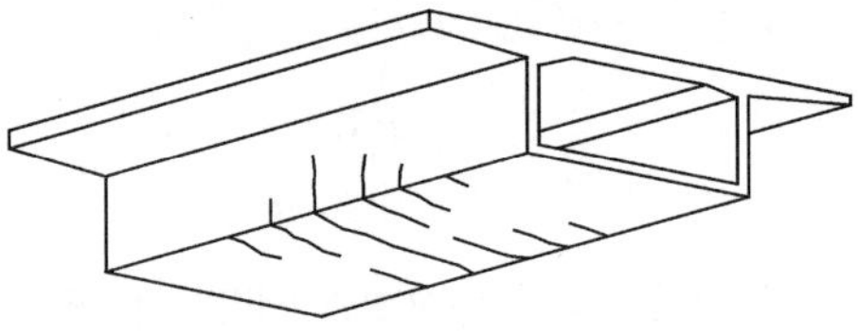	跨中附近底板及腹板
顶板横向裂缝、腹板上缘竖向裂缝	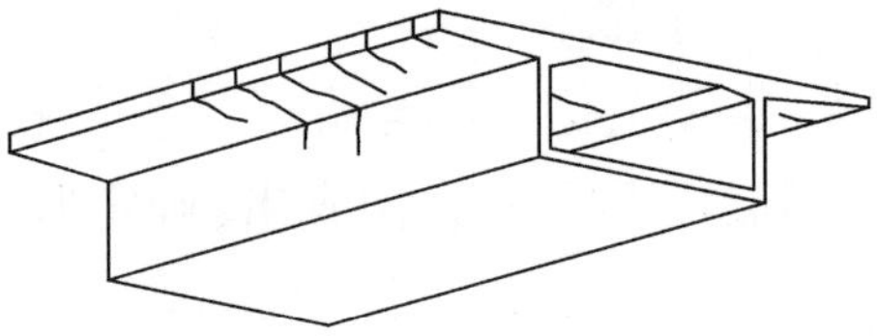	桥墩部位顶板及腹板
腹板中部斜裂缝	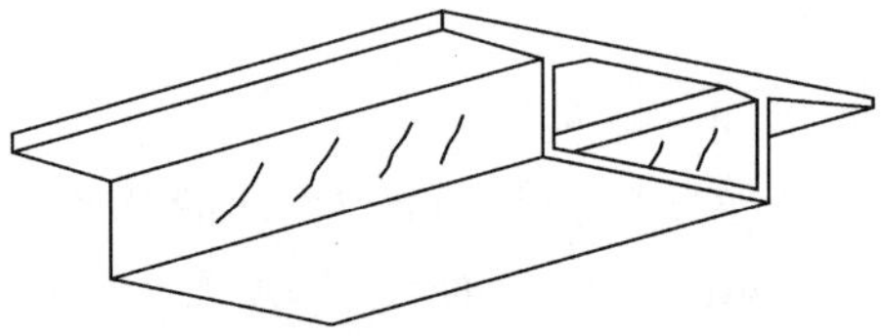	1/4 跨及梁端附近腹板
与底板横向裂缝贯通的腹板裂缝	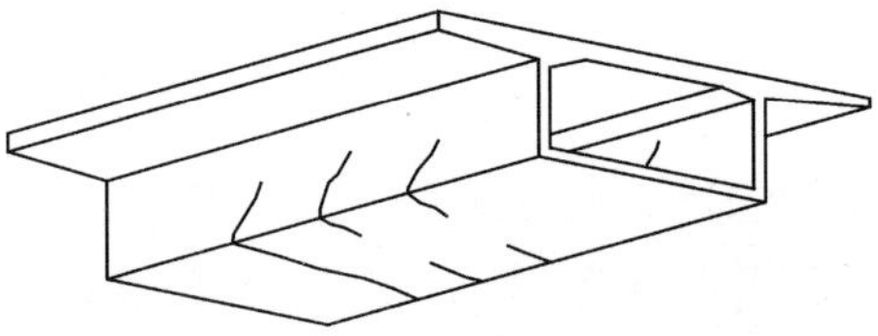	剪跨区内的底板及腹板
贯通腹板、底板的螺旋状裂缝	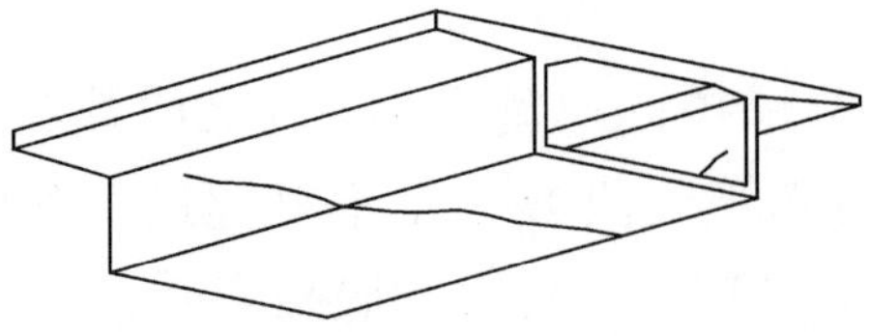	1/4～3/4 跨区域的底板及腹板
顶、底板纵向裂缝	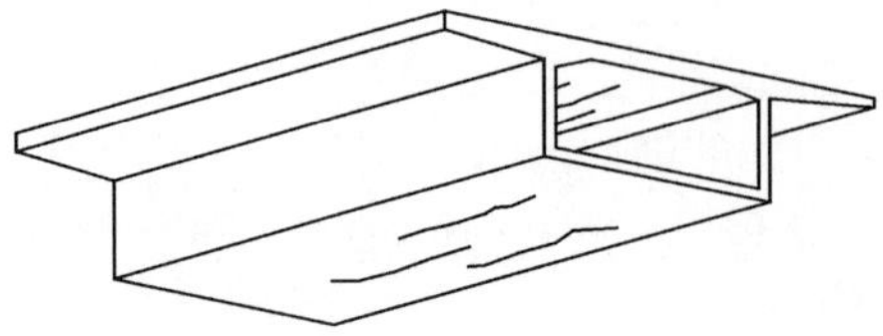	跨中附近厚度较薄底板、全桥顶板,板中部、折角附近

续上表

裂缝性质	裂缝形态	常见位置
齿板局部区域裂缝	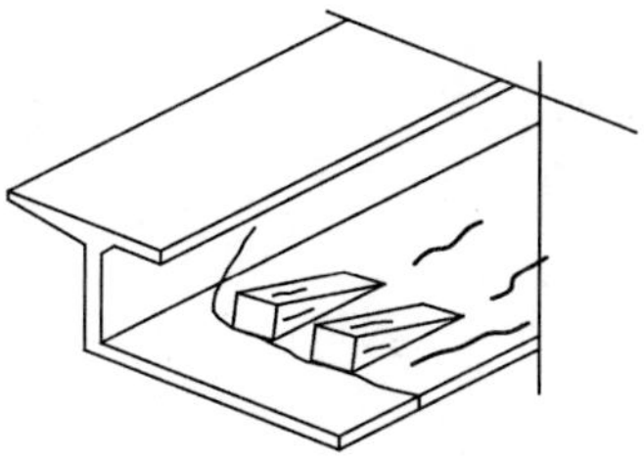	齿板与顶、底、腹板交界处,齿板侧面及前端纵向裂缝
底板层间横向裂缝	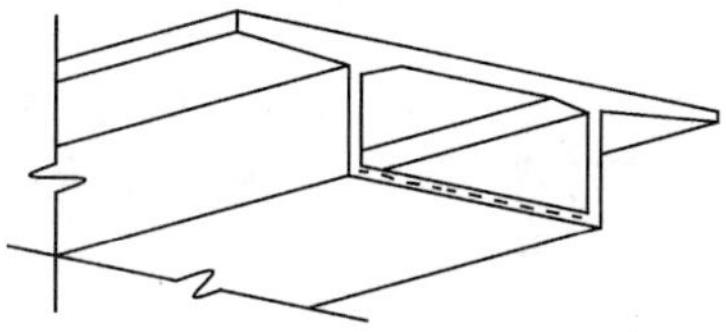	配有底板正弯束的跨中底板
锚下发散裂缝	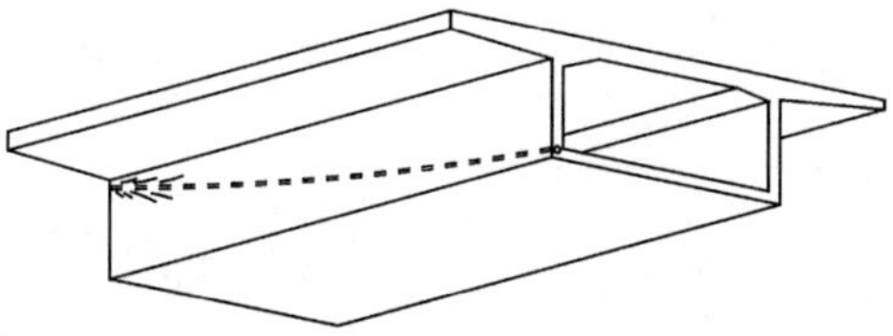	钢束锚固处,梁端及齿板
沿预应力管道裂缝	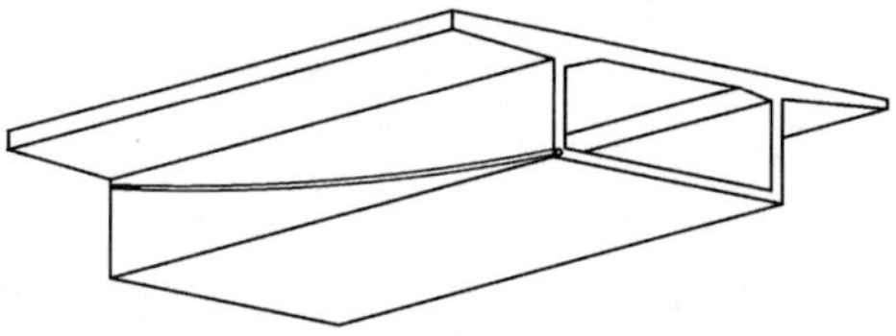	任何预应力管道
横隔板裂缝	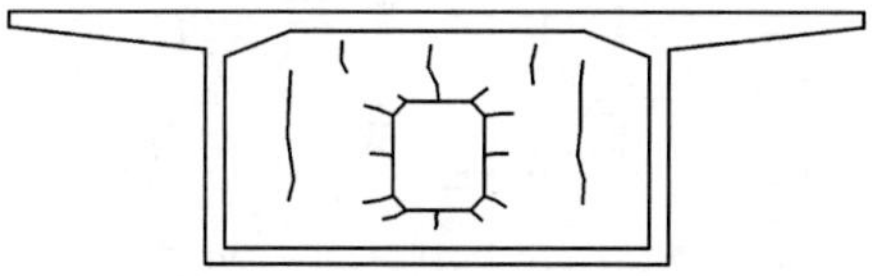	横隔板过人孔周边、正上方、两侧

附录B　大跨径预应力混凝土梁桥主要参数表

表B-1　大跨径预应力混凝土梁桥主要参数表

建成年份	桥名	跨径布置(m)	截面形式	梁宽(m)		梁高(m)		跨中板厚(cm)			材料用量		
				顶板	底板	支点	跨中	顶板	底板	腹板	混凝土(m^3/m^2)	预应力筋(kg/m^2)	普通钢筋(kg/m^2)
1997	广东虎门大桥辅航道桥	150+270+150	箱梁	15	7	14.8	5.0	25	32	46	1.30	102.9	137.0
2008	苏通长江大桥辅航道桥	140+268+140	箱梁	16.4	7.5	15.0	4.5	32	32	45	1.54	103.4	104.4
1999	重庆黄花园大桥	137+3×250+137	箱梁	15	7	13.8	4.3	25	28	40	1.42	94.2	109.9
2009	广珠西线永胜大桥	115+206+115	箱梁	16.3	8	12.0	4.5	30	30	50	1.46	88.9	142.8
1998	华南大桥	110+190+110	箱梁	17.75	9.5	9.5	3.0	28	32	35	0.96	60.3	91.8
2009	广珠西线板沙尾大桥	108+2×185+108	箱梁	16.3	8	10.8	4.3	30	30	50	1.33	89.0	163.4
1988	洛溪大桥	65+125+180+110	箱梁	15.14	8	10.0	3.0	28	32	50	1.21	65.9	129.0
2002	重庆渝澳大桥	96+160+96	箱梁	17.5	9	8.2	2.7	25	25	40	1.15	72.0	154.1
2009	广珠西线吉昌大桥	90+155+90	箱梁	16.3	8	9.0	3.8	30	30	50	1.18	81.5	164.0
1991	六库怒江大桥	85+154+85	箱梁	10	5	8.5	2.8	28	30	44	1.73	67.0	109.1
2010	内蒙古包树黄河大桥	85+6×150+85	箱梁	14	7.15	8.5	3.8	35	30	60	1.23	67.0	120.0
1998	厦门海沧大桥西航道桥	78+140+78+2×42	箱梁	15.4	7	7.5	2.5	25	32	50	0.94	80.2	127.3
2009	广珠西线容南大桥	78+135+78	箱梁	16.3	8	7.6	3.3	30	30	50	1.10	78.6	172.8
2003	顺德南沙大桥	80+135+80	箱梁	12	6.5	7.5	2.8	25	25	40	0.98	52.1	140.1
2005	内蒙古乌海黄河大桥	75+130+75	箱梁	12.75	6.15	7.0	3.0	25	30	50	1.01	71.8	176.7
1995	上海奉浦大桥	85.15+3×125+85.15	箱梁	18.6	8.6	7.0	2.8	30	30	48	0.91	69.2	95.5
1993	山东东明黄河公路大桥	75+7×120+75	箱梁	18.34	9	6.5	2.6	25	25	40	0.94	63.7	119.3
1983	湖南常德沅水大桥	84.7+3×120+84.7	箱梁	17.6	9	6.8	3.0	30	30	46	0.85	65.7	89.5
1985	湖北沙洋汉江桥	62.4+6×111+62.4	箱梁	10.8	6	6.0	2.5	25	24	36	0.88	49.4	75.0

注：三材指标中，预应力钢筋含量为纵向预应力、横向预应力和竖向预应力三者之和。

附录 C　混凝土抗裂性试验方法

C.1　试 验 目 的

C.1.1　通过采用净浆或水泥胶砂制成的圆环约束试件，测定其收缩过程中出现开裂的时间，用来相对比较抗裂性能，可为工程推荐抗裂性能相对更好的混凝土原材料（水泥品种、掺和料、外加剂）和浆体的配比（掺量和水胶比）。

C.1.2　本试验方法经过改进，也用以评价其他影响混凝土开裂的因素，例如：养护时间、养护方法、蒸发速率和温度等。如将试件的尺寸放大，也可用于混凝土的抗裂性试验。

C.2　试 件 制 作

C.2.1　试件的标准模具包括内环、外环和底座（图 C.2.1）。用其制备的试件尺寸为：内径 41.3mm，外径 66.7mm（即壁厚 25.4mm），高度 25.4mm。内、外钢环与试件接触的表面应经过磨光，外环由两个半环组成。为保证拼接良好并防止漏浆，可在外面再套一层用螺栓连接的薄铁皮套箍加以固定。

C.2.2　试件浇筑前，在内外环表面涂刷隔离剂。隔离剂宜用乳化石蜡或其他品种。模具外环的内表面不宜使用隔离剂。

图 C.2.1　圆环开裂试验仪

C.2.3　试验净浆选用的水灰比（水胶比）宜取 0.24 ~ 0.28；当用胶砂浆体时，其水灰比（水胶比）可与拟用的混凝土中浆体所用的相应。开裂时间与试验选用的水胶比密切相关，水胶比越大，开裂时间越长。为方便试验，宜选用较低水灰比（水胶比）拌制净浆，并用《水泥胶砂流动度测定方法》（GB/T 2419—2005）的跳桌测定浆体的坍扩度和坍落度（分别为≥105mm 与≥15mm），并观察浆体的表面状态，目的是保证低水胶比浆体成型的密实性。

C.2.4　每组至少浇筑 3 个圆环试件。圆环试件浇筑后采用振动成型以及用小刀插捣以减少试件产生气泡的可能性。每次插捣后,模板的内外表面要铲一铲,以消除模板表面大的空隙,最后对试件进行整平并迅速将试件移入养护室。养护温度 20℃ ±2℃,湿度大于 95% 。

C.2.5 试件成型 24h ±1h 后,拆去外环的套箍,用薄刀片轻轻分开两个半环,将试件连同模具的内环一起取出,在试件顶面和底面涂抹隔离剂(如沥青)进行密封处理后放入恒温恒湿箱中,箱内控制温度 20℃ ±0.5℃,湿度 50% ±10% 。

C.3 抗裂性评定

C.3.1 套在环上的试件在收缩时受到内环的约束。试验时将试件连同模具内环平放在低摩阻材料(如聚四氟乙烯)的平面上,试件的外侧面粘贴应变片,通过计算机采集应变数据,每隔 2min 采集 1 次圆环试件外侧面上的应变。应变仪的最高分辨率为 1με;零漂不大于 4με/2h。每 2min 记录应变 1 次;每隔 12h 观察 1 次应变测值,并绘图观测曲线是否有突变点(参见图 C.2.2)。

C.3.2 通过计算机自动记录环境温度,并通过监测一块贴在长龄期自由试件上的应变片对被测试件的应变片进行温度补偿。

C.3.3 试件出现开裂后,记录外侧面的开裂模式并计算开裂时间(从加水搅拌后 24h 开始计时)。

C.3.4 开裂时间为应变计显示减小上百个微应变或者增加数百个微应变的时刻。如果未观察到试件的应变值出现突变点,而试件表面也没有发现可见裂纹,则为“未开裂”,记录试验结束的龄期。

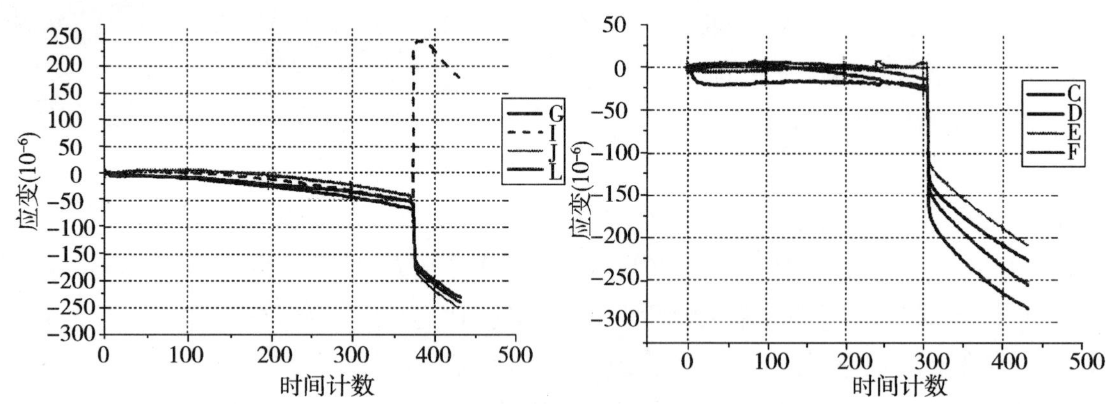

图 C.2.2 开裂时间监测的示意图

图 C.2.2 举例显示两个圆环试件外侧面的应变—时间关系(试件收缩随时间发展,因而测得的都是负应变)。随着试件发生开裂,侧面不同部位上 4 个应变片同时出现转折点。当开裂发生在应变片覆盖范围内时，应变片读数为正值（受拉），直至拉断；而当开裂发生点不在应变片覆盖范围内时，应变片显示约上百个微应变的减小。因此，开裂时间可以通过1个试件贴1个应变片监测。

C.4 报　　告

C.4.1 混凝土抗裂性试验报告中应记录以下相关参数：

1 胶凝材料的性能：所使用材料的固有参数和水灰比（水胶比）；

2 试样的扩展度和坍落度；

3 模具内环的厚度和外径；

4 浇筑温度和养护温度；

5 拆模后的试验温度、相对湿度；

6 每个试件的开裂时间以及平均值（精确到0.1h）；

7 试件外侧面开裂的模式；

8 胶凝材料的1d、3d、7d和28d抗压强度和抗折强度［按照现行《水泥胶砂强度检验方法》（GB 17671），即ISO法检测］。

附录 D　混凝土抗渗性快速测定方法

混凝土抗渗性快速测定方法有两种,分别为电通量法和非稳态氯离子扩散法。测定方法介绍如下:

D.1　电 通 量 法

D.1.1　适用范围:

1　本试验方法以电量指标来快速测定混凝土的抗氯离子渗透性。适用于检验混凝土原材料和配合比对混凝土抗氯离子渗透性的影响。

2　本试验方法适用于直径为 95mm ±2mm,厚度为 51mm ±3mm 的素混凝土试件或芯样。

3　本试验方法不适合于掺亚硝酸钙的混凝土。掺其他外加剂或表面处理过的混凝土,当有疑问时,应进行氯化物溶液的长期浸渍试验。

D.1.2　试验基本原理:

在直流电压作用下,氯离子能通过混凝土试件向正极方向移动,以测量流过混凝土的电荷量反映渗透混凝土的氯离子量。

D.1.3　试验设备及材料如下:

1　试验装置如图 D.1.3-1 所示。

2　仪器设备应满足下列要求:

1)直流稳压电源,可输出 60V 直流电压,精度 ±0.1V。

2)塑料或有机玻璃试验槽,其结构尺寸如图 D.1.3-2 所示。

3)铜网为 20 目。

4)数字式电流表,量程 20A,精度 ±1.0%。

5)真空泵,真空度可达到 -0.1MPa 以下。

6)真空干燥器,内径≥250mm。

3　试验应采用下列材料:

1)分析纯试剂配制的 3.0% 氯化钠溶液。

2)用纯试剂配制的 0.3mol 氢氧化钠溶液。

3)硅橡胶或树脂密封材料。

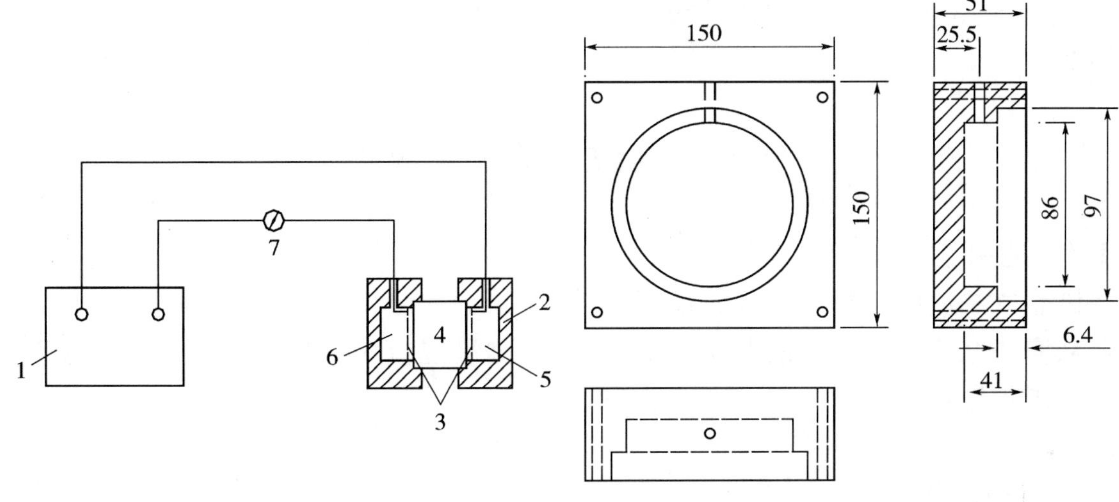

图 D.1.3-1　试验装置示意图

1-直流稳压电源;2-试验槽;3-铜网;4-混凝土试件;5-3% NaCl 溶液;6-0.3mol NaOH 溶液;7-数字式电流表

图 D.1.3-2　试验槽结构图(尺寸单位:mm)

D.1.4　试验步骤:

1　制作直径为 95mm,厚度为 51mm 的混凝土试件,在标准条件下养护 28d 或 90d,试验时以 3 块试件为一组。

2　将试件暴露于空气中至表面干燥,以硅橡胶或树脂密封材料施涂于试件侧面,必要时填补涂层中的孔洞以保证试件侧面完全密封。

3　测试前应进行真空保水。将试件放入 1 000mL 烧杯中,然后一起放入真空干燥器中,启动真空泵,数分钟内真空度达 -0.1MPa 以下,保持真空 3h 后,维持这一真空度注入足够的蒸馏水,直至淹没试件,试件浸泡 1h 后恢复常压,再继续浸泡 18h ± 2h。

4　从水中取出试件,抹掉多余水分,将试件安装于试验槽内,用橡胶密封环或其他密封胶密封,并用螺杆将两试验槽和试件夹紧,以确保不会渗漏,然后将试验装置放在 20 ~ 23℃的流动冷水槽中,其水面宜低于装置顶面 5mm,试验应在 20 ~ 25℃恒温室内进行。

5　将浓度为 3.0% 的 NaCl 溶液和 0.3mol 的 NaOH 溶液分别注入试件两侧的试验槽中,注入 NaCl 溶液的试验槽中的铜网连接电源负极,注入 NaOH 溶液的试验槽中的铜网连接电源正极。

6　接通电源,对上述两铜网施加 60V 直流恒电压,并记录电流初始读数 I_0,通电并保持试验槽中充满溶液。开始每隔 5min 记录一次电流值,当电流值变化不大时,每隔 10min 记录一次电流值,当电流变化很小时,每隔 30min 记录一次电流值,直至通电 6h。

D.1.5　试验结果计算:

1　绘制电流与时间的关系图。将各点数据以光滑曲线连接起来,对曲线作面积积分,或按梯形法进行面积积分,即可得试验 6h 通过的电量。当试件直径不等于 95mm 时,所得电量应按截面面积比的正比关系换算成直径为 95mm 的标准值。

2　取同组3个试件通过的电量的平均值,作为该组试件的通电量来评定混凝土抗氯离子渗透性。

D.2　非稳态氯离子扩散法

D.2.1　适用范围:

本试验方法适用于集料最大粒径不大于25mm(一般不宜大于20mm)的试验室制作的或者从实体结构取芯获得的混凝土试件,通过测量混凝土试件的氯化物的渗透深度来判断氯离子扩散系数。

D.2.2　试验原理:

利用外加电场的作用使试件外部的氯离子向试件内部迁移。经过一段时间后,将该试件沿轴向方向劈裂,在新劈开的断面上喷射硝酸银溶液,根据生成的白色氯化银沉淀测量氯离子渗透的深度,以此计算出混凝土氯离子扩散系数。

D.2.3　试剂、设备及仪器如下:

1　试剂

1)蒸馏水或者去离子水;

2)氢氧化钙(分析纯);

3)氯化钠(化学纯);

4)氢氧化钠(化学纯);

5)显色指示剂:0.1mol/L $AgNO_3$ 溶液。

2　非稳态氯离子扩散系数试验仪

1)橡胶套筒(6个);

2)不锈钢管卡(12个);

3)电解质水槽(6个);

4)阴、阳极(各6个);

5)导线(12m)。

3　辅助设备

1)切割机;

2)真空容器:至少可以放入3个试件;

3)真空泵:能够维持容器中的压力小于5 000Pa(50mbar);

4)温度计或可读热电偶:精确到±1℃;

5)压力试验机;

6)喷瓶。

D.2.4　试验方法程序包括:

1 试件制作

本试验所需试件尺寸为 ϕ100mm×100mm。可用现场取样 150mm×150mm×150mm 试件，经 84d 标准养护后钻芯取样制作，也可用 ϕ100mm×100mm 的圆柱体钢模按标准方法成型，或对现场硬化混凝土钻芯取样获得。试件成型后立即用塑料薄膜覆盖并放入标准养护室，24h 后拆模并进行标准养护。至养护龄期沿试块中间切成两个 ϕ100mm×50mm 的圆柱形试件（试件在实体混凝土结构中钻取时，应先切割成标准试件尺寸，再在标准养护室水池中浸泡 72h，方可进行试验）。用刷子清洗试件表面缝隙里面的浮灰，擦去试件表面多余的水分。当试件达到表面干燥的状态后，把试件放入真空容器中进行抽真空处理。

2 抽真空

抽真空时，每个试件的表面必须都暴露在真空中，在几分钟内将真空容器中的绝对压力减少到 1～5kPa，维持该压力 3h。然后，在保持真空泵工作的同时，将饱和氢氧化钙溶液（将氢氧化钙溶解在蒸馏水或去离子水中）吸入真空容器，浸没所有的试件。1h 后，放入空气，再经过 18h±2h 后取出试块进行试验。

3 试件安装

将试块取出后用干抹布擦干表面水分，测量试块的厚度，记录该数值 L。当试件达到表面干燥的状态后将试件塞进橡胶套筒内，新鲜的切割面朝下，用两个不锈钢管卡将试块与橡胶套筒箍紧以确保不渗漏。配制 10% 的氯化钠溶液约 12L（将 100g 氯化钠溶解在 900g 自来水中）放入阴极电解质水槽中。测量此时氯化钠溶液的温度 t_0。配制 0.3N 的氢氧化钠溶液（将 12g 氢氧化钠溶解在 1L 蒸馏水或去离子水中），倒入橡胶套筒内约 300mL，将套筒放入阴极电解质水槽中。用导线和鳄鱼夹将阴极、阳极与电源的负极、正极相连。每次试验平行比较 6 个试件，分别与电源的 6 个接口相连。试件安装见图 D.2.4-1。

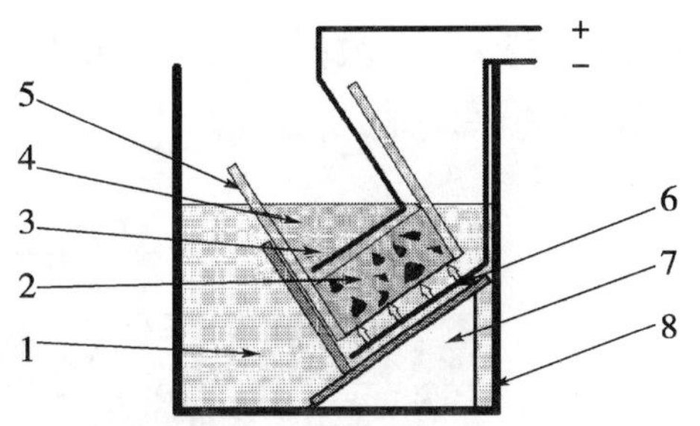

图 D.2.4-1 非稳态氯离子扩散系数试验仪装置图

1-阴极液；2-试块；3-阳极（不锈钢网）；4-阳极液；5-橡胶套筒；6-阴极（不锈钢板）；7-有机玻璃支撑；8-有机玻璃箱

4 电迁移试验过程

开启电源，调节各回路电压到 30V，分别观察各回路初始电流 I_{30V}。根据初始电流从表 D.2.4-1 中选择最终电压及加压时间，记录每一个试件的新电流 I_0、试验周期 T 及试验电压 U。

5 氯离子扩散深度测定

1）试验结束后测量氯化钠溶液的温度 t_1。

2）取出试件并用自来水冲洗试件表面，再用干抹布擦干表面，立即用压力试验机沿轴向劈裂成两半。

3）在新劈裂的断面喷涂 0.1M 的硝酸银溶液，放置 15min 后，有明显的白色氯化银沉淀出现。

表 D.2.4-1　初始电流与所加电压及时间关系表

初始电流 I_{30V}(mA)	试验电压 U(V)	可能的新电压 I_0(mA)	试验时间 T(h)
$I_0<5$	60	$I_0<10$	96
$5\leqslant I_0<10$	60	$10\leqslant I_0<20$	48
$10\leqslant I_0<15$	60	$20\leqslant I_0<30$	24
$15\leqslant I_0<20$	50	$25\leqslant I_0<35$	24
$20\leqslant I_0<30$	40	$25\leqslant I_0<40$	24
$30\leqslant I_0<40$	35	$35\leqslant I_0<50$	24
$40\leqslant I_0<60$	30	$40\leqslant I_0<60$	24
$60\leqslant I_0<90$	25	$50\leqslant I_0<75$	24
$90\leqslant I_0<120$	20	$60\leqslant I_0<80$	24
$120\leqslant I_0<180$	15	$60\leqslant I_0<90$	24
$180\leqslant I_0<360$	10	$60\leqslant I_0<120$	24
$I_0\geqslant 360$	10	$I_0\geqslant 120$	6

4)用两脚规及一个合适的直尺测量渗透深度。从正中间向两边每隔 10mm 测量一个数据,共得到 7 个数据。如图 D.2.4-2 所示位置的测定值(数据精确到 0.1mm)。记录这 7 个数据的平均值 X_d。

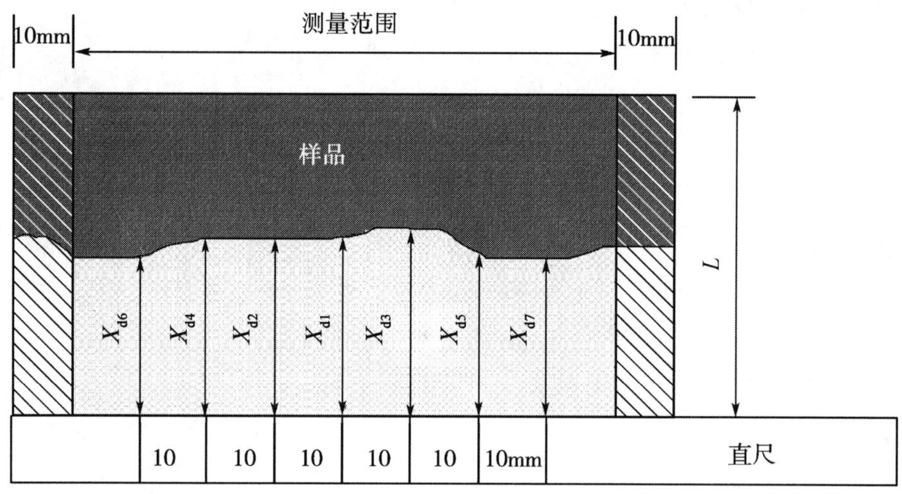

图 D.2.4-2　氯离子渗透深度测量示意图

5)试验结束时,先关闭电源,断开导线,取出试件筒,倒除 NaOH 溶液,松开环箍螺丝,然后从上向下移出试件。

6)试验数据填入试验原始记录表(表 D.2.4-2)。

6　计算非稳态氯离子扩散系数

$$D_{nssm}=\frac{0.0239(273+t)L}{(U-2)T}\left[X_d-0.0238\sqrt{\frac{(273+T)LX_d}{U-2}}\right] \qquad (D.2.4)$$

式中:D_{nssm}——非稳态氯离子扩散系数($\times 10^{-2}m^2/s$);

U——试验中使用的电压(V);

t——t_0 与 t_1 的平均值(℃)；

L——试件的厚度(mm)；

X_d——渗透深度的平均值(mm)；

T——通电时间(h)。

一组试样的混凝土氯离子扩散系数为 3 个试样的算术平均值。如任一个测值与中值的差值超过中值的 15%，则取中值为测定值；如有两个测值与中值的差值都超过中值的 15%，则该组试验结果无效。

表 D.2.4-2　显色深度计算表(mm)

试件编号	直径(mm)	高度(mm)	电压(V)	通电时间(h)	溶液温度(℃)	显色深度(mm)							
						1	2	3	4	5	6	7	8
1													
2													
3													

附录E　混凝土施工试件耐久性能检验要求

E.0.1　混凝土的耐久性是指暴露在使用环境下抵抗各种物理和化学作用而不破坏的能力。它是一个十分广泛的概念,包括抗渗性、抗碳化性、抗冻融循环性、抗化学物质侵蚀性、抗钢筋锈蚀性、抗碱集料反应性等。

E.0.2　影响混凝土耐久性的主要因素:

1　钢筋锈蚀;

2　混凝土冻融破坏;

3　化学侵蚀;

4　碱集料反应。

E.0.3　耐久性能监测技术:

1　抗渗检测

对混凝土抗渗性检测主要从混凝土的渗水性、透气性、氯离子扩散性、吸水率等四个方面进行。《普通混凝土长期性能和耐久性能试验方法标准》(GB/T 50082)和《普通混凝土配合比设计规程》(JGJ 55)中采用渗水法检测混凝土抗渗性能。

2　抗冻性检测

关于混凝土抗冻性的测试,执行现行《普通混凝土长期性能和耐久性能试验方法标准》(GB/T 50082)中的相应规定,采用混凝土抗冻融性慢冻法测试,混凝土试件采用立方体,受冻前用水浸泡至规定的时间(相当于吸水饱和)。

3　碳化深度检测

混凝土的碳化检测有酚酞法、时差热重量分析法、X射线分析法、电气化学法、注射型电子显微镜测定法等。

4　钢筋锈蚀检测

钢筋的锈蚀程度,可以单位长度的质量损失、面积损失或直径损失来表征。常用的钢筋锈蚀检测方法有破损检测和非破损检测两大类。破损检测钢筋锈蚀量可以通过视觉观察或试验方法确定。非破损检测方法有分析法、物理法和电化学法三大类。

5　碱集料反应检测

混凝土碱集料反应需要具备的条件是:混凝土含有较高的碱度、集料具有碱活性、环境中具备一定的湿度,目前对于碱集料反应的现场检测手段比较少,一般从混凝土碱度、集料碱活性检测入手。

附录 F　实体混凝土质量检验要求

F.1　基 本 要 求

F.1.1　所用的水泥、砂、石、水、外掺剂及混合材料的质量和规格必须符合图纸要求及相关规范的规定，按规定的配合比施工。

F.1.2　墩身和箱梁配合比应满足长距离、高扬程泵送混凝土施工的性能要求。混凝土配合比和材料质量指标应符合现行《普通混凝土配合比设计规程》(JGJ 55)的有关规定。

F.1.3　在混凝土试配、墩身和箱梁浇筑阶段均应严格控制水灰比和水泥用量，减小收缩徐变。水灰比不宜大于 0.55，水泥用量不宜大于 530kg/m^3，水泥和矿物掺和料的总量不应大于 600kg/m^3。混凝土配合比和材料质量指标应符合现行《普通混凝土配合比设计规程》(JGJ 55)的有关规定。

F.1.4　对于墩身实心段和 0 号梁段大体积混凝土施工，必须采取措施控制水化热引起的混凝土内最高温度及内外温差在允许范围内，防止出现温度裂缝。

F.1.5　不得出现露筋和空洞现象，保护层厚度应满足设计要求，确保混凝土耐久性。

F.1.6　承台、墩身和箱梁混凝土的耐久性应符合本指南附录 E 的规定。

F.2　混凝土质量检验要求

F.2.1　承台混凝土质量检测项目和控制标准见表 F.2.1。

表 F.2.1　承台混凝土质量检查项目和控制标准

项次	检 查 项 目	规定值或允许偏差	检查方法和频率
1	混凝土强度(MPa)	在合格标准内	按 JTG F80/1—2004 附录 D 检查
2	尺寸(mm)	±30	尺量：长、宽、高检查各 2 点
3	顶面高程(mm)	±20	水准仪：测量 5 处
4	轴线偏位(mm)	15	全站仪或经纬仪：纵、横各检查 2 点
5	大面积平整度(mm)	8	2m 靠尺和塞尺检查

F.2.2 墩柱和盖梁混凝土质量检查项目和控制标准见表 F.2.2。

表 F.2.2 墩柱混凝土质量检查项目和控制标准

项次	检 查 项 目	规定值或允许偏差	检查方法和频率
1	混凝土强度(MPa)	在合格标准内	按 JTG F80/1—2004 附录 D 检查
2	断面尺寸(mm)	±20	尺量:检查 3 个断面
3	双壁墩相邻间距偏差(mm)	±20	尺或者全站仪测量:检查顶、中、底 3 ~ 5 处
4	竖直度或斜度(mm)	0.3%H 且不大于 20	吊垂线或经纬仪:测量 2 点
5	顶面高程(mm)	±10	水准仪:测量 3 处
6	轴线偏位(mm)	10	全站仪或经纬仪:纵、横各检查 2 点
7	节段间错台(mm)	5	尺量:每节点检查 4 处
8	大面积平整度(mm)	5	2m 直尺:检查两个垂直方向,每 $20m^2$ 测 1 处
9	支座垫石预留位置(mm)	符合设计规定, 设计未规定时:10	尺量:每件

注:H 为墩、台身高度。

F.2.3 箱梁混凝土质量检查项目和控制标准见表 F.2.3。

表 F.2.3 悬臂浇筑混凝土质量检查项目和标准

项次	检查项目		规定值或允许偏差	检查方法和频率
1	混凝土强度(MPa)		在合格标准内	按 JTG F80/1—2004 附录 D 检查
2	轴线偏位(mm)	L≤100m	10	
		L > 100m	L/10 000	
3	顶面高程(mm)	L≤100m	±20	
		L > 100m	±L/5 000	
		相邻节段高差	10	
4	断面尺寸(mm)	高度	+5, -10	
		顶宽	±30	
		底宽	±20	
		顶底腹板厚	+10,0	
5	合龙后同跨对称点高程差(mm)	L≤100m	20	
		L > 100m	L/5 000	
6	横坡(%)		±0.15	水准仪:每节段检查 1 ~ 2 处
7	平整度(mm)		5	2m 直尺:检查竖直、水平两个方向,每侧面每 10m 梁长测 1 处

注:L 为梁跨径。

F.3　外观鉴定

F.3.1　混凝土结构外观应满足如下要求：

1　混凝土表面平整，颜色一致，无明显施工接缝。

2　蜂窝麻面面积不得超过该面面积的 0.5%。

3　混凝土表面不出现非受力裂缝。裂缝宽度超过设计规定或设计未规定时超过 0.15mm必须处理。

4　墩、台表面应平整，接缝饱满无空洞、均匀整齐。

5　封锚混凝土应密实、平整。

6　施工临时预埋件或其他临时设施应及时清除处理。

附录G　成桥荷载试验

G.0.1　公路大跨径预应力混凝土梁桥荷载试验的目的如下：

1　检验施工质量，确定工程的可靠性，为竣工验收提供技术依据。

2　验证桥跨结构设计的合理性，为设计积累科学资料。

3　直接了解桥跨结构在试验荷载下的实际工作状态，判断实际承载能力，评价其在设计使用荷载下的工作性能。

4　通过动载试验了解桥跨结构的固有振动特性以及其在长期使用荷载阶段的动载性能，确定其使用条件和注意事项。

G.0.2　公路大跨径预应力混凝土梁桥荷载试验分为静载试验和动载试验两种。

G.0.3　公路大跨径预应力混凝土梁桥静载试验应根据荷载试验的目的进行认真调查，必要时进行相关的理论分析。在此基础上周密地考虑试验的全过程，预计可能出现的问题及处理方法，制订出切实可行的试验计划（包括荷载试验的主要内容）。荷载试验的详细实施步骤一般为：

1　荷载试验的目的；

2　试验的准备工作；

3　加载方案设计；

4　测点设置与测试；

5　加载控制与安全措施；

6　试验结果分析与承载力评定；

7　试验报告编写。

G.0.4　公路大跨径预应力混凝土梁桥静载试验测点布设要求：

1　测点的布设不宜过多，但要保证观测质量。有条件时，同一测点可用不同的测试方法进行校对，一般情况下，对主要测点的布设应能控制结构的最大应力（应变）和最大挠度（或位移）。

2　主要测点一般包括跨中和1/4跨挠度，跨中、1/4跨和支点截面应变，支点沉降等。

3　根据桥梁调查和检测、计算结果综合考虑结构特点和桥梁目前状况可适当增加下列测点的数量：

1）挠度沿桥长或沿控制截面桥宽方向分布；

2)应变沿控制截面桥宽方向分布;

3)应变沿截面高分布;

4)墩台的沉降、水平位移与转角;

5)剪切应变;

6)其他结构薄弱部位的应变;

7)裂缝的监测测点。

4　应选择与大多数测点较接近的部位设置 1 ~ 2 处气温观测点,还可根据需要在桥梁主要测点部位设置一些构件表面温度观测点。

G.0.5　为了满足鉴定桥梁承载力的要求,荷载工况选择应反映桥梁设计的最不利受力状态,简单结构可选 1 ~ 2 个工况,复杂结构可适当多选几个工况,但不宜过多。进行各荷载工况布置时可参照截面内力(或变形)影响线进行。下面给出常见荷载工况:

1　中跨、边跨跨中最大正弯矩工况;

2　中跨、边跨跨中最大负弯矩工况;

3　控制截面最大正、负弯矩工况;

4　截面内力最大偏载工况;

5　截面扭转工况;

6　主梁最大正挠度工况;

7　最大负挠度工况;

8　其他特殊工况。

G.0.6　公路大跨径预应力混凝土梁桥动荷载试验的目的主要是测定桥梁结构的自振特性、桥梁结构刚度、冲击系数、桥面平整度、桥梁结构的整体性、行车舒适性等。通过动荷载试验可以达到检查以下一些项目的目的:

1　实测桥梁的自振频率决定桥梁的总体刚度和整体性。

2　实测阻尼大小直接影响桥梁动态响应大小,并可判断桥梁结构开裂状态。

3　桥梁振动的振幅表示桥梁振动的剧烈度,影响行车舒适和安全。

4　动载试验的实测冲击系数必须小于设计规范采用值,否则应提高桥面平整度或对行车限速。

5　实测桥梁模态振型决定桥梁振动形态,是否与结构动力计算分析结果相符。

附录 H　运营期桥梁结构安全监测

H.0.1　公路大跨径预应力混凝土梁桥结构运营监测的目的:利用不断发展的传感测试、信号分析、远程控制等新设备和新技术,结合桥梁结构分析等技术,建立一套实时掌控大桥的安全使用状态,辅助大桥维护管养的自动化监测系统。

H.0.2　监测系统主要由四个子系统组成:传感器子系统、数据采集和传输子系统、数据处理和控制子系统、结构状态预警评估子系统。此外,系统还包括用户界面子系统、数据库子系统等辅助部分。

H.0.3　根据大桥结构计算、危险性分析等,并依据大桥自身的运营环境以及整体及局部受力特点,考虑到监测部位、构件的全面性、代表性、重要性等拟定监测项目及监测点布设方案:如桥梁所处环境条件(风、温度、地震、船撞、腐蚀等);桥梁结构在正常环境与交通条件下运营的物理与力学状态(主梁挠度、控制截面应力、基础沉降等);桥梁重要非结构构件(如支座、伸缩装置等)和附属设施的工作状态。

H.0.4　运营监测系统分为:实时监测系统、定期触发系统(特定时间段内连续采集)、特殊触发系统(灾害或极端事件出现后开始连续采集)三个等级,根据不同的需要进行定制。

H.0.5　选择传感器需要考虑的原则:先进性、灵敏度、精确性,适合环境条件,造价低,可靠性高,耐久性高,稳定性高,易于安装,易于更换,易于修复和可扩展性等。

H.0.6　结构状态预警评估系统的主要功能是展示桥梁结构的实际工作状态信息,对结构运营状态的危险进行预警,利用各种结构静动态分析完成结构使用状况的评估工作,定期编制并向养护管理部门提交监测报告,为桥梁构件的维护、维修工作提供技术支持。运营监测系统服务于养护管理部门,养护管理部门根据运营监测系统所提供的信息做出决策。

附件

大跨径预应力混凝土梁桥设计施工技术指南

条 文 说 明

1 总 则

1.0.1 《公路钢筋混凝土及预应力混凝土桥涵设计规范》(JTG D62—2004)修编时,已经注意到大跨径梁桥的主要病害,即开裂和下挠问题,并有针对性地做出了一些规定。但由于该规范采用了全新的作用和荷载表达方法,组合及分项系数等都和原规范有较大区别。为了配合新规范的使用,并主要解决大跨径梁桥的开裂和下挠等技术难题,交通部开展了多项支持性课题,本指南就是这些课题成果的规范性总结。

大跨径梁桥上部结构一般不采用钢筋混凝土结构,故本指南仅针对预应力混凝土梁桥做出规定。

1.0.2 苏通大桥辅航道桥为连续刚构桥,主跨268m。该桥在设计时,为解决预应力混凝土梁桥的开裂下挠等问题进行了专门研究,本指南编写时参考苏通大桥辅航道桥的研究成果。根据苏通大桥已有的研究成果和设计施工指南,本条中的适用跨径范围上限定为270m。

1.0.4 《建设工程质量管理条例》(国务院2000年279号令)第21条明确规定:“设计文件应当符合国家规定的设计深度要求、注明工程合理使用年限。工程合理使用年限是指从工程竣工验收合格之日起,工程的地基基础、主体结构能保证在正常情况下安全使用的年限。”同时在42条还规定:“建设工程在超过合理使用年限后需要继续使用的,产权所有人应委托具有相应资质等级的勘察、设计单位鉴定,并根据鉴定结果采取加固、维修等措施,重新界定使用期。”

2009年7月1日颁布实施的《工程结构可靠性设计统一标准》(GB 50153—2008)也给出了设计使用年限的词条以及设计使用年限系数的有关内容。铁道部2005年的设计规范中明确规定,铁路桥涵的设计使用年限为100年。

公路大跨径预应力混凝土梁桥主体结构的设计使用年限为100年,非主体结构、可更换结构、临时结构、附属结构等可按照项目的实际需要确定设计使用年限并开展相应的耐久性设计。

1.0.6 本条内容所列出的三种状况和现行公路桥梁系列规范协调一致。按照最新的《工程结构可靠性设计统一标准》(GB 50153—2008),地震可单独列为一种设计状况。

1.0.8 结构可靠性设计理论建立时规定了三个基本条件,即正常设计、正常施工和正常使用。

本指南提供了满足正常设计的基本技术条件，除此之外，正常设计还包括正常管理等。2008 年开始的严格的治超政策以及各地开始实施的计重收费政策能有效遏制公路超载运输现象，山西、内蒙古等地 2008 年以后就很少出现车辆直接压垮桥梁的报道。但也有一些地区未开展治超等工作，超重车辆在这些地区屡见不鲜，已经成为影响桥梁耐久适用并导致毁坏的直接原因。

4 设计规范和主要技术标准

4.2 主要技术标准

4.2.1 本条第7款对设计通航水位做出规定,该规定主要针对跨越河流的桥梁。海上桥梁应进行专题研究。

8 结构设计

8.2 结构体系选择

8.2.1 当墩身的抗推刚度较小时,其适应预加力、混凝土收缩、徐变和温度变化等水平荷载效应的能力较强,可把墩身视为一种摆动的支撑体系。本条未给出采用墩梁固结时墩身的抗推刚度的建议值,主要考虑设计者可根据基础设计的经济性予以确定。同时过渡墩应设置滑动支座,以适应结构纵向位移。

8.2.2 当采用连续梁桥体系时,纵向约束的设置位置应遵循桥梁两端的位移量不应相差太大的原则。

8.3 主 梁

8.3.1 将悬臂根部的高跨比上限放大至1/15,目的在于提高根部刚度,减少二期恒载及活载效应对跨中的分配比例。跨径越大,跨中(或边跨端部)梁高与主跨跨径的比值宜越小。

8.3.3 关于主梁断面细部尺寸设计的规定,兹说明如下:

1 采用悬臂浇筑施工方法时,底板应提供足够大的承压面积,并随着箱梁负弯矩的增大而逐渐加厚。跨中底板厚度还应满足配置一定数量的合龙钢束和钢筋的构造要求。

2 箱梁顶板厚度应满足桥面板横向抗弯及布置纵、横向预应力钢束的构造要求。

3 箱梁腹板除满足弯曲剪应力与扭转剪应力所引起的主拉应力要求外,同时还需考虑钢束管道的布置、混凝土的浇筑要求及锚下局部应力要求。腹板厚度通常从跨中向根部逐步加宽,以承受箱梁根部附近较大的剪力。

8.3.4 有关专家认为:“2005 年以后,我国 P. C. 连续梁又恢复腹板下弯索,转移到以纵向预应力为核心的抗剪设计来控制腹板的主拉应力。”本指南认可这个说法,纵向预应力确实比竖向预应力的施工更为可靠、质量更易保证。

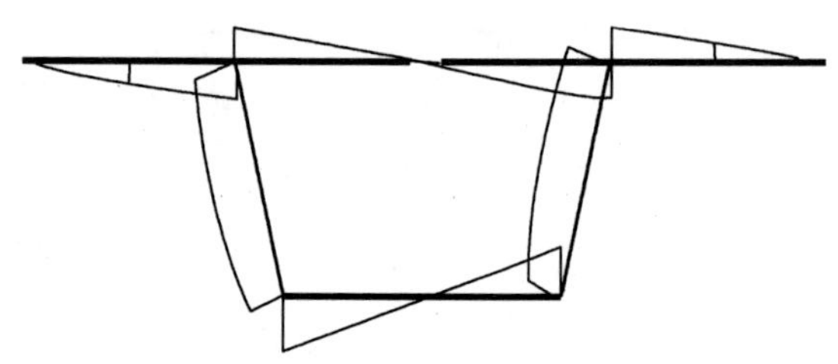

图 8-1 单室箱梁截面弯曲剪力流

使用阶段主拉应力计算和极限阶段抗剪配筋是目前设计计算和设计方法的弱点。一个单室箱梁的剪应力分布如图 8-1 所示。设计通常注重腹板(由图8-2中A、B、C三点代表)的主拉应力,但如图8-2和图8-3的位于D点的底板主拉应力常被忽视。

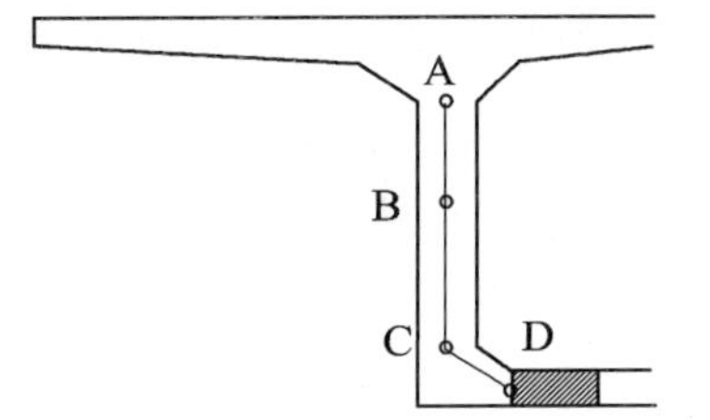

图8-2 应力计算位置示意图

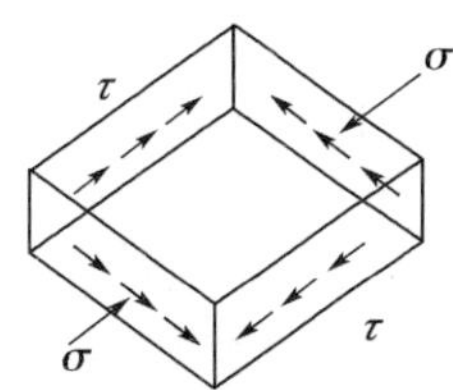

图8-3 D点面内应力

采用竖向预应力仅仅可以解决腹板的主拉应力,而对于底板D点主拉应力并没有效用或效用不明显。同时,底板在平面内一般采用构造配筋,通常比较薄弱,故极限阶段该位置抗剪配筋通常不足。

当没有竖向预应力 σ_y 时,主拉应力计算公式:$\sigma_1=\frac{\sigma_x}{2}-\sqrt{\left(\frac{\sigma_x}{2}\right)^2+\tau^2}$。其中,$\sigma_x$ 为纵向预应力产生的轴向应力,在弯转点之间还会有预剪力产生的如图8-1所示分布的剪应力 τ。由本式可以看出:减小箱梁全断面(顶板、腹板、底板)的主拉应力,要么增加 σ_x,要么减小 τ。

增加 σ_x 是有学者提出的"零弯矩"法的理念。在理论上,这种方法实际上由充沛的纵向预应力产生的 σ_x 使箱梁全断面(包括顶板、底板和腹板)均减小了主拉应力,故对于防止桥梁结构发生主拉应力开裂、继而持续下挠是有利的。但这是要花费巨大代价的:为达到"零弯矩",必须人为大幅增加梁高,同时为了采用增大的预加力 σ_x 以及还要抵抗由于梁高增加多出来的自重,必须增加大量的预应力材料,以至必须采用更大吨位的预应力钢束。

实际上,在主拉应力计算公式中,正应力 σ_x 对主拉应力的影响相比剪应力 τ 要"迟钝"许多,故减小剪应力 τ 是更为行之有效的方法。所以,纵向预应力钢束在满足抗弯的同时,应尽量采用下(上)弯束。同时,由于腹板位置有限,故采用体内体外混合配束是本条推荐的配束方法。这种配束方法综合了结构抗裂需要和体外束耐久性好、可检查可更换的优点。

图8-4为一种体内体外配束方式。

与全体内配束相比,混合配束可以减少体内束的数量,使在腹板内通过的预应力管道减少,从而可以把成桥阶段的边跨底板体内束和中跨底板体内束上弯并锚固于顶板及腹板加腋处,依靠这部分成桥阶段的体内上弯束的竖向分力来提供边跨和中跨部分正弯矩区段的预剪力。在墩顶及桥梁负弯矩区段由于有下弯的悬臂施工阶段体内束以及成桥阶段体外束的覆盖,可以提供可靠的预剪力。

这样,墩顶及负弯矩区段由下弯的悬臂施工阶段体内束与成桥阶段体外束共同提供预剪力,正弯矩区段由成桥阶段体内上弯束提供预剪力。从而,全桥预剪力可以由施工质量相对较为成熟的纵向预应力钢束来提供。同时,相比竖向预应力仅能抵抗腹板内的主拉应力，这样的布束可以减小箱梁全断面（包括箱梁腹板、顶板和底板）的剪应力及主拉应力。

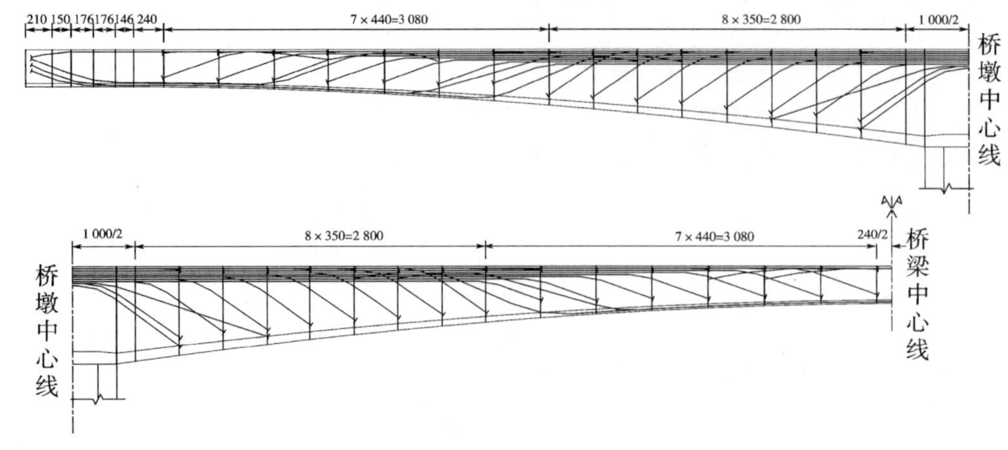

a) 体内预应力束布置图

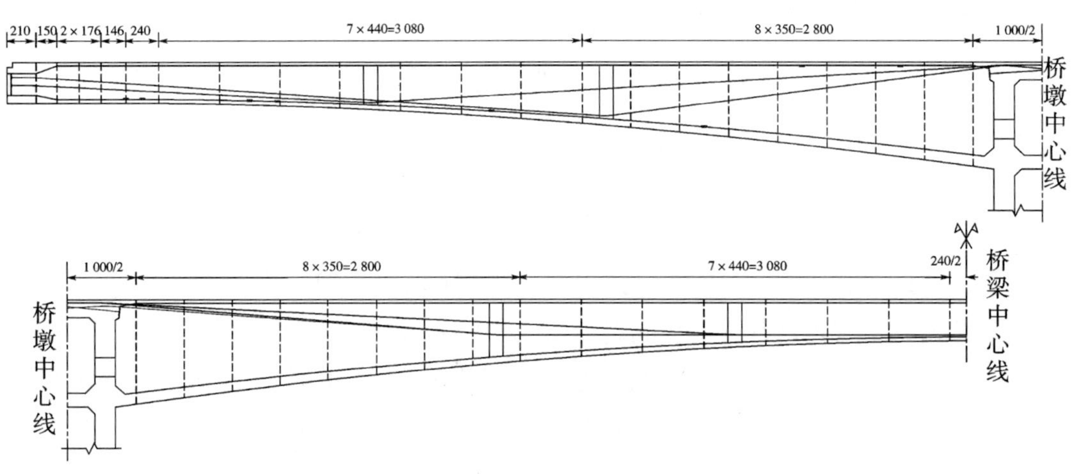

b) 体外预应力束布置图

图 8-4 体内、体外预应力钢束混合布置（尺寸单位：cm）

综上所述，本条是以优化配束，采用体内预应力钢束上弯或下弯，以及体外预应力钢束的偏转来提供覆盖全桥各断面的预剪力，即不是增大预加力 σ_x，而是增大预剪应力 τ 为目标的。本指南认为，这种方法将指向更为优化的结构细部设计（减小恒载重量产生的剪力）和优化预应力配置（增大预剪力），从而可以减小箱梁全断面的主拉应力，达到可能避免开裂下挠顽症的目的，符合指南总则中的“安全可靠、适用耐久、技术先进、经济合理”的要求。

为弥补在运营荷载和环境作用的长期影响下发生超过设计预期的应力损失，可在主梁内设置体外预应力备用束。

8.3.5 预应力布置应满足整体受力要求，并应充分考虑局部受力要求和构造要求。应考虑预应力空间传递的合理性，并应采取相应的措施。

8.4 桥　　墩

8.4.2 空心墩在墩底 2.5 ~ 3m 高度内一般设置实心段，主要为防止墩身与承台间刚度突变，防止墩底产生收缩裂缝。空心主墩墩顶也建议设置 2.5 ~ 3m 的实心段，除考虑刚度突变和局部受压需要外，连续梁设置临时固结，实心段还可用于锚固临时固结钢束。

8.5 桥墩及基础防撞

8.5.2 VTS 系统通过动态监视和跟踪设定区域内的目标，为过往船舶提供桥区水流、风速、风向等实时情况，指导船舶进入各自的航道，避免船舶无序航行。这样可以提高通行船舶流量，减少船舶偏航概率，确保船舶进入桥下航道时的航行安全。

8.5.3 本条规定说明如下：

1 加厚或局部加厚承台封底混凝土避免低水位时桩基直接受到船舶撞击，并可利用承台施工吊箱共同抵抗船舶撞击。吊箱内可浇筑一定高度的混凝土，增加抗撞能力。

2 设置剪力键可加强承台吊箱与承台、封底混凝土之间的连接。

3 在封底混凝土内设置适当数量的桁架并伸入承台，可加强封底混凝土的整体性和封底混凝土与承台间的连接。苏通大桥连续钢构桥主墩承台套箱底板支架采用桁架结构，其深入承台 200mm，施工完成后不再取出，如图 8-5 所示。

图 8-5　苏通大桥采取的结构措施

8.6 基　　础

8.6.2 可将深入承台内的钢护筒锯成栅栏状，以便承台主筋通过，如图 8-6 所示。

图 8-6　深入承台内的钢护筒锯成栅栏状

9 结构计算分析

9.2 主 梁

9.2.6 持久状况主梁的应力验算,除了验算构件承载能力极限状态外,还应验算弹性阶段的构件应力。应力计算实质上仍是构件的强度计算,是对构件承载能力极限状态计算的补充。

9.4 基 础

9.4.1 上部结构传递到基础顶面的荷载一般由二维或三维有限元计算分析结果获得,并进行相应的荷载组合。

9.4.4 对短暂状况和持久状况分别进行沉降计算,即对施工期间完成的沉降量和投入运营后可能发生的沉降量分别进行计算。

10 耐久性设计

10.1 一般规定

10.1.1 混凝土结构的强度设计,主要考虑荷载作用下的承载力要求,所依赖的是材料强度。耐久性设计还要考虑结构长期使用过程中由于环境作用引起材料性能劣化对结构安全性与适用性的影响,所依赖的是结构的设计使用年限、环境类别及其作用等级。

10.1.2 同一结构物的不同结构部位(如桥梁结构的基础、桥墩、主梁等构件)所处的环境类别和作用等级不同时,其耐久性要求也有所不同,采取的技术措施也是不同的。甚至同一构件的不同部位,如承台的下部与水接触部位和上部相对干燥部位,也会有不同的耐久性要求,对应的技术措施也有所差别。

10.1.3 《铁路混凝土结构耐久性设计暂行规定》(铁建设〔2005〕157 号)中规定钢筋混凝土结构的设计使用年限分为三类:100 年、60 年和 30 年。《混凝土结构耐久性设计与施工指南》(CECS 01—2004,2005 年修订版)对结构的设计使用年限分为三级:一级设计使用年限不小于 100 年,指重要土木基础设施工程或一般建筑物;二级设计使用年限不小于 50 年,指次要的土木工程或一般建筑物;三级设计使用年限不小于 30 年,指不需较长寿命的结构物或可替换的易损结构构件。欧盟规范规定桥梁等各种土木工程结构物的设计使用年限均为 100 年。国际上对一般桥、隧等基础设施工程的设计使用年限多规定为 100 年。英国对桥梁设计使用年限的要求为 120 年;美国对桥梁的设计使用年限为不小于 75 ~ 100 年。

出于节约资源和可持续发展的需要,考虑到桥、隧等生命线工程进行修理、拆除所带来的巨大经济损失和干扰,国际上对基础设施工程的结构设计使用年限有进一步延长的趋向。尽可能提高桥梁的安全性与耐久性,延长桥梁的使用年限,应该作为桥梁设计的重要指导原则之一。

10.1.4 结构及其构件的使用年限可以通过维修延长,结构中的个别构件也不一定能够达到与结构设计使用年限相同的使用寿命。对于桥梁结构来说,在结构的设计使用年限内需要对个别部件进行大修或更换并非异常。设计者应尽量避免结构在设计使用年限内进行大修、减少维修次数,并应在设计文件中和对工程的业主和管理方有明确的说明。

10.1.5 混凝土材料的密实性会随着龄期增长而提高，早期混凝土的内部结构发育尚不完全，抗氯盐侵入和抗冻能力均比较差。在可能情况下，氯盐环境中的混凝土构件宜采用预制，大尺寸现浇构件也可采用预制混凝土外模，这样可以避免早期接触氯盐。此外，还可在早期混凝土的表面涂上一层临时性的密封剂或防护涂层，在混凝土尚未充分成熟的半年龄期或一年龄期内，隔绝氯盐对早期混凝土的影响。

10.1.6 国内外大量实践证明，在严酷的腐蚀环境中，单靠混凝土本身有时不足以保护钢筋免遭锈蚀。工厂内采用专门工艺（环氧粉末静电喷涂）制作的环氧涂层钢筋，在国外已有近30年的工程应用历史，业已证明能够提高钢筋的抗腐蚀能力，是提高钢筋混凝土耐久性的重要措施之一，美国已有上万座桥的桥面板使用了环氧涂层钢筋。然而，环氧涂层钢筋应与最基本的防腐蚀措施（采用优质的耐久混凝土）相结合才更有效。保证环氧膜层的完整性是环氧涂层钢筋得以防锈的关键，如果环氧涂层钢筋的膜层损伤面积大于钢筋表面积的5%，其耐腐蚀能力就与没有涂层的普通钢筋等同。膜层损伤有时难以避免，可同时采用钢筋阻锈剂弥补其不足或使之更为有效。

美国混凝土学会（ACI）确认钢筋阻锈剂是保护混凝土中钢筋的三种有效措施之一（另外两种是环氧涂层钢筋和阴极保护）。钢筋阻锈剂在美国的工程应用已近30年，在日本则更早（与海砂并用）。近15年来，钢筋阻锈剂在国际上得到更加迅速的发展。我国也于20年前研究开发出钢筋阻锈剂产品，已经有不少大型工程采用。与密实的优质混凝土配合，钢筋阻锈剂的防护能力能够大幅提高。优质混凝土不仅能延缓并减少腐蚀介质（Cl^-）扩散到钢筋表面，而且能长期有效地保持钢筋阻锈剂的浓度，使阻锈剂得以长期发挥效能。

涂料种类繁多，但由于耐候、耐老化性能不足，难以达到长期防护的目的（包括硅烷类涂料在内）。然而涂料除有一定防腐蚀功能外还有装饰的功能，在一定条件下也可更新重涂，因此仍有一定使用空间。更耐久的涂料也在发展中。

预应力混凝土体系构造复杂，设计人员应按照不同的环境类别与环境作用等级和预应力构件的具体使用年限，来选择预应力体系的保护措施，并组成一个有针对性的预应力防护体系。

10.1.7 桥面铺装层、防水层和伸缩缝等连接部位是耐久性的薄弱环节，与其靠近的部位和下方构件经常会遇到来自连接缝处渗漏水的作用而加速劣化，必须在设计中格外重视。

混凝土中的碱（Na^+和K^+）与砂、石集料中某些含有活性硅的成分起反应，称为碱硅反应；某些碳酸盐类岩石（如白云石）集料也能与碱起反应，称为碱碳酸盐反应。这些碱集料反应能引起混凝土体积膨胀、开裂，被视为混凝土的“癌症”，在国内外都发生过不少工程损坏事例。环境作用下的混凝土化学腐蚀大多由外部的腐蚀性物质引起并从混凝土表面开始，但碱集料反应却是从内部发生的。碱集料反应对结构的破坏是一个长期的渐进过程，其潜伏期可达十几年或几十年，而且一旦发现表面开裂，结构损伤往往已严重到无法修复的程度。发生碱集料反应的充分条件是：混凝土有较高的碱含量，集料有较高的活性和水分的参与。如果混凝土在使用过程中不会接触到水，即使含碱量较高和含有活性集料的混凝土也不会发生碱集料反应。如果使用环境可能遭受潮湿，而集料活性可能较低，这就必须采用低碱水泥或同时使用大掺量矿物掺和料，并通过严格的测试，才可有条件地应用低活性的集料。在混凝土中加入足够掺量的粉煤灰、矿渣或沸石等掺和料，能够抑制碱集料反应。采用密实的低水胶比混凝土能有效阻止水分进入混凝土内部，也有利于防止反应的发生。

与碱集料反应相似，源自混凝土内部的化学腐蚀还有混凝土中的钙矾石延迟生成（Delayed Ettringite Formation，简写作 DEF）。钙矾石是水泥中的石膏等硫酸盐和铝酸三钙等铝酸盐与水接触起反应的水化产物，正常情况下应在混凝土拌和后的水泥水化初期形成。如在硬化后的混凝土中剩有较多的早期未起反应的硫酸盐和铝酸三钙（C_3A），则混凝土在以后的使用过程中如接触到水就会再起反应，延迟生成钙矾石。钙矾石在生成过程中体积膨胀，导致已经硬化的混凝土开裂。这一反应也称内部硫酸盐腐蚀。混凝土早期蒸养过度能阻止钙矾石生成或使其重新分解。防止钙矾石延迟生成的主要途径是降低养护温度，限制水泥熟料中的硫酸盐和 C_3A 含量，混凝土在使用阶段避免与水接触。

软水能使水泥浆体内的碱金属氧化物和含钙的水化产物发生水解或使之溶解，使混凝土渗透性增加并削弱混凝土的强度。酸性水也有类似作用。一切有利于增加混凝土密实性的措施均有助于减轻浸出作用。

本指南未就碱集料反应和钙矾石延迟生成等化学腐蚀的防护提出具体要求，设计时如有需要可参考专门的技术标准和论著。

10.1.8 提高混凝土材料的密实性和抗裂性，改善混凝土内粗集料与水泥浆体之间的薄弱界面和水化产物的微结构，阻挡和延缓水分、气体以及氯离子等各种有害物质侵入混凝土内部，最根本的手段，就是降低混凝土的拌和水用量和水胶比并在混凝土中掺入矿物掺和料。需水量较低的矿物掺和料如粉煤灰还有改善混凝土拌和料工作性、降低水化温升等有利作用。大掺量矿物掺和料还能明显抑制混凝土碱集料反应和硫酸盐腐蚀。矿物掺和料在耐久混凝土中的应用不能简单地等量取代，而是作为混凝土配合比中除水、水泥、集料之外的第四个必需组分。加入引气剂不仅是混凝土抗冻的必要手段，而且能提高新拌混凝土的工作性和硬化后混凝土的耐候性。

10.1.9 只有明确结构的使用年限、环境类别及其作用等级，才能进行有针对性的耐久性设计。

通过对混凝土材料的选用和采取构造措施，来满足不同环境条件和不同设计使用年限的混凝土结构耐久性，要求设计人员在结构设计中能同时从耐久性的角度对混凝土材料和施工提出专门要求。我国现行的桥梁设计与施工规范，未能充分考虑到耐久性的需要。例如，用于构件强度计算和标注于施工图上的保护层厚度，其最低要求在我国现行规范中为保护层最小厚度，其中就没有考虑保护层的施工允许偏差对耐久性的影响。这些偏差对构件的强度或承载力来说影响轻微，但对耐久性却会造成致命损伤。碳化或氯盐引起钢筋锈蚀的时间近似与保护层厚度的平方成正比，如果保护层厚度分别为 40mm、30mm 和 20mm，则 -5 mm 的偏差可使这一期限分别缩短 23%、31% 和 44%，对耐久性来说显然不能接受。施工养护不良通常不至于影响构件内部的混凝土强度，对整个构件承载力的损害不会太大，但养护不良会大幅降低表层混凝土的密实性或抗侵入性，从而大幅缩短其使用寿命。同样强度等级但原材料组分不同的混凝土，一般不会影响荷载作用下的构件承载力，但在特定的环境条件下，其耐久性可能迥异，比如在氯盐环境下，大掺量矿物掺和料混凝土抵抗氯离子侵入的能力要比同样低水胶比但不加矿物掺和料的硅酸盐水泥混凝土高得多。所以在结构的耐久性设计中必须提出混凝土原材料选择、混凝土水胶比、保护层厚度允许偏差和混凝土养护等专门要求，并与施工和材料工程师紧密合作予以实现。

耐久性设计中还要为结构使用阶段的检测、维护、修复和部件更换准备好必要的条件。要设置检测和维修用的通道，易遭腐蚀的重要部位要留有观测和维修用的操作空间，为置换桥梁支座要在墩座与梁底之间留有安装千斤顶的位置并需核算起重时的墩座局部承载力，同时在设计文件中加以标注。

环境作用等级为Ⅲ类或者Ⅳ类的结构构件，仅靠提高混凝土材料本身的耐久性质量和保护层厚度，有时仍可能满足不了所需使用年限的要求，需要采用防腐附加措施。各种防腐蚀附加措施能够延长结构使用寿命的年限，可根据具体情况进行判断和估计。这一延长的年限也应该是具有足够保证率条件下的期限。有的措施如混凝土防腐涂层可以每隔一定年限重复使用。对于环氧涂层钢筋，有的在应用时仅作为增加防锈能力的额外安全储备，有的则在结构使用寿命的预测计算中，认为环氧涂层不影响钢筋开始锈蚀的初始期限，但可延长钢筋锈蚀后的大修年限 14 年。环氧涂层钢筋的应用始于 20 世纪 70 年代中期，后在北美得到广泛应用，但对其效果至今仍有争议。从总体上看，环氧涂层钢筋用在桥面板等上部结构中的效果比较明显，所以美国联邦公路局推荐在桥面板中采用环氧涂层钢筋，但在潮湿或遇水环境下，环氧涂层与钢筋之间的黏结力有可能在很短的年限内丧失；此外，环氧涂层在钢筋运输和加工过程中易遭损伤，所以用于桥墩等下部结构的效果有时并不理想。阻锈剂作为一种重要的防腐蚀附加措施，能提高混凝土中氯离子引起钢筋锈蚀时的临界浓度。有资料介绍，不加阻锈剂时，混凝土中钢筋开始锈蚀的临界氯离子浓度约为 0.05%（用每立方米混凝土质量的相对比值表示），如在每立方米混凝土中加入 30% 亚硝酸钙溶液 10L、20L 或 30L，就可将混凝土中的临界氯离子浓度分别提高到 0.15%、0.32% 或 0.40%。混凝土浇筑成型采用特殊织物衬里的透水模板，可以有效提高表层混凝土的密实性。

提高混凝土结构耐久性的根本途径是增加混凝土本身的密实性和钢筋的混凝土保护层厚度。类似环氧涂层、混凝土表面浸涂、阻锈剂等手段只能作为附加措施，因其本身的寿命都不及混凝土。所有这些防腐蚀附加措施，也只有用在耐久性良好的密实混凝土中才能起到应有的作用。在极端严酷的环境作用下，阴极保护可作为重要工程阻止钢筋锈蚀的最终手段。

10.2 构造措施

10.2.6 结构的施工缝和各种连接缝是水、盐等各种有害物质最易侵入的薄弱环节，在其周围的混凝土和钢筋往往受害最严重。随着时间的推移，连接缝处的渗漏常常不可避免。

10.2.8～10.2.9 在我国现行的混凝土结构设计规范中，钢筋的混凝土保护层最小厚度一般均对纵向受力钢筋（主筋）而言。从耐久性的角度看，最外层的箍筋或分布筋应该最早受到侵蚀，箍筋的锈蚀可引起沿箍筋的环向开裂，构件中分布筋的锈蚀除引起开裂外，严重时还会发生保护层的成片剥落。既然耐久性设计主要以适用性和可修复性的失效作为使用寿命终结的极限状态，那么在确定钢筋保护层的最小厚度时应该考虑到最外侧的分布筋和箍筋的需要，可适当增大混凝土厚度。

在严重的环境作用下，截面较大的墩、柱构件采用较厚的保护层比较容易做到，而大跨度的梁构件为了减轻自重往往需要尽量限制保护层的厚度。这时可采取专门的措施，如加强施工质量控制并采用特殊的施工方法来改善表层混凝土的性能，或同时采用环氧涂层钢筋、混凝土表面涂层等防腐蚀附加措施以达到适当减小保护层厚度的目的。

10.2.10 预应力钢筋的耐久性与不同的预应力体系有关，并在很大程度上受施工质量的影响。在不良的环境条件下，预应力钢筋应采取双重或多道防护，除混凝土保护层外，还要有密封的护套或孔道管如高密度的塑料波纹孔道管或环氧涂层金属孔道管。对于氯盐环境且要求使用年限较长时，还可同时采用环氧涂层预应力钢筋并在灌浆材料中加入阻锈剂。金属螺旋孔道管无密封功能，除干燥环境条件外不宜采用。无黏结预应力筋因除锈能力不甚确切，在严重的环境作用下很少采用。体外预应力钢筋便于检查和更换，是不良环境条件下比较好的一种预应力结构形式。

10.3 附加防腐性措施

10.3.1～10.3.6 美国混凝土学会（ACI）确认环氧涂层钢筋、钢筋阻锈剂和阴极保护是保护混凝土中钢筋的三种有效措施。

工厂内采用专门工艺（环氧粉末静电喷涂）制作的环氧涂层钢筋，在国外已有近30年的工程应用历史，业已证明能够提高钢筋的抗腐蚀能力，是提高钢筋混凝土耐久性的重要措施之一。美国已有上万座桥的桥面板使用了环氧涂层钢筋。根据美国联邦公路局公布的资料，对使用了15～20年的桥面板取样检查表明，其中81%的环氧涂层钢筋没有锈蚀出现，从而从总体上肯定了环氧涂层钢筋的有效性。美国也有使用环氧涂层钢筋的桥梁出现过早腐蚀破坏的事例。究其原因，除与施工质量有关外，还与涂层缺陷、膜层损伤以及长期处于潮湿状态的使用环境有关。在潮湿的环境条件下,环氧涂层与内部钢筋之间的黏结力容易丧失,需要对环氧涂层的生产工艺进一步加以改进。

近十几年来,钢筋阻锈剂在国际上得到更加迅速的发展。我国也于20年前研究开发出钢筋阻锈剂产品,已经有不少大型工程采用。与高密实的优质混凝土配合,钢筋阻锈剂的防护能力能够大幅提高。优质混凝土不仅能延缓并减少腐蚀介质(Cl^-)扩散到钢筋表面,而且能长期有效地保持钢筋阻锈剂的浓度,使阻锈剂得以长期发挥效能。钢筋阻锈剂按形态可分为水剂型和粉剂型,国外以水剂型为主,而国内目前多为粉剂型;阻锈剂按化学成分可分为无机、有机和混合型;按作用机理可分为阴极型、阳极型、混合型。单一型的阻锈剂往往存在一些缺陷和不足,因而以复合型为好。国内外早期曾用亚硝酸盐作为钢筋阻锈剂,以后逐步采用复合型,或称亚硝酸盐基的阻锈剂。一般情况下,钢筋阻锈剂的有效性与其存在于混凝土中的数量有直接关系。理论与试验均表明,对于目前的掺入型阻锈剂而言,如果阻锈剂的用量与结构设计使用年限内能够渗入到钢筋表面的氯盐(以NaCl计)量有相同的浓度时,钢筋就可以长期不锈,也就是阻锈剂与氯盐(以NaCl计)的比率应大于1。

阴极保护是最常用、最有效的电化学保护方法,已有百年的应用历史。美国已有数百座桥梁采用了阴极保护的方法,大多用于已经受到腐蚀破坏的桥梁,这些桥梁主要是受到除冰盐和海洋环境的侵蚀。在水中或潮湿的土中,对钢筋混凝土结构实施阴极保护相对容易些,而大气中则较复杂。

表面浸渍、涂装的种类繁多,且其技术的长期可靠程度不足,难以达到长期防护的目的。采用该类技术时必须明确重新涂装的时间和技术要求。

10.4 设计对检测、养护、维修的要求

10.4.1～10.4.4 影响混凝土结构耐久性的因素非常复杂,且有的因素不可预见。对于氯盐等严重环境作用下的结构,必须进行定期检测,力争早期发现问题,在钢筋尚未普遍锈蚀前及早采取补救措施。依靠目测发现顺筋处混凝土开裂往往已为时过晚,需付出更大的代价。

在设计阶段往往难以准确估计工程竣工后混凝土材料的实际质量以及所处环境的实际作用程度。要比较可靠地估计结构的使用年限,还必须依靠采用结构使用过程中的现场实测结果进行推断。对氯盐作用下的重要工程,可在竣工后每隔1～2年连续几次测试保护层不同深度上的氯离子浓度分布,求出随时间变化的氯离子表观扩散系数,进一步估计可能的使用年限。

11 箱梁抗裂设计

11.1 一般规定

11.1.1 设计要注意刚度和强度的合理取值。基于以上考虑,建议墩顶梁的高跨比取1/17,跨中梁的高跨比取1/40~1/50为宜,梁高变化曲线可取较二次抛物线更缓和的曲线,但应注意减小抛物线次方对主跨中底板束径向力的不利影响,次方以1.7左右为宜,并在防止跨中底板纵向裂缝和崩裂方面加强构造和改善底板预应力配置。

11.1.2 为尽可能达到设计期望,对关键施工要求给予约定是必要的。本节从预应力的管道安装、张拉、灌浆及混凝土养护等方面提出了要求。

11.2 预应力设计

11.2.1 考虑箱梁的空间受力特性能使预应力的配置更加有效合理,根据多座预应力箱梁的空间计算条件下各荷载条件的应力状态,提出配置原则。竖向预应力对于腹板内缘竖向拉应力大的偏内侧,对腹板外缘竖向拉应力较大的偏外侧,以获得较为均匀的成桥腹板应力状态。梁高较低的边跨1/4、主跨3/8等刚度低、受约束较弱的梁段要特别加强对腹板内缘主拉应力的控制。箱梁达到一定宽度时应设置顶板横向预应力,参考AASHTO及ASBI箱梁设计施工规范关于横向预应力设定的规定,取腹板净内距4.5m为顶板设置横向预应力的标准。

11.2.2 根据现有实测资料以及英国、日本及美国等国相关规范的取值,我国对金属波纹管摩阻系数μ及偏差系数k设计取值偏小,应考虑管道一次成形与分段成形的差别,建议考虑k取0.003 5,μ取0.3。考虑到腹板应力对竖向有效预应力的敏感性较高,其计算精度不可与实际相差较大,竖向预应力损失的计算方法宜考虑其结构与构造特点,相关参数宜在现场验证。竖向预应力不存在转折,且竖向预应力较短,由摩擦引起的应力损失σ_{l1}很小,只要在施工过程中没有对波纹管造成太大的破坏,此项损失基本可以忽略。对于竖向预应力钢筋回缩损失σ_{l2},其钢筋锚固方式普遍采用带螺帽锚具。现行规范规定带螺帽锚具的螺帽缝隙Δl取1mm,照此种取法用规范公式计算与实测结果差别较大。影响σ_{l2}最重要的因素就是$\sum\Delta l$,然而$\sum\Delta l$的取值与现场施工工艺,特别是锚固工艺,施工质量都有着密切的联系。建议根据常用的不同的施工工艺对$\sum\Delta l$采取不同的数值以减小设计值与实际值的差别。根据实测并参考 AASHTO 及 ASBI 箱梁设计施工规范,在无实测数据的条件下,Δl 建议取 1.5mm。对于竖向预应力损失 σ_{l4},现行设计规范充分考虑了纵向预应力的弹性压缩损失的计算,但对竖向应力的弹性压缩损失没有作特别的说明,纵向预应力的弹性压缩损失是基于一维杆件轴向压缩计算得出的。很明显纵向预应力的弹性压缩损失计算方法不能用于竖向预应力弹性压缩损失计算,而在确定竖向预应力筋张拉控制应力时必计算弹性压缩损失。根据对实桥腹板竖向预应力分批张拉的实测结果,采用空间有限元和半平面无限域集中力模型的解析解来计算竖向预应力分批张拉造成的弹性损失与实测结果吻合较好。总体来看,张拉竖向预应力筋时弹性压缩引起的预应力损失相比张拉控制力非常小,在正常施工情况下一般可以控制在 2% 以内。竖向预应力筋松弛引起的应力损失 σ_{l5},《公路钢筋混凝土及预应力混凝土桥涵设计规范》(JTG D62—2004)已给出了明确方法。混凝土收缩和徐变引起的应力损失 σ_{l6},根据空间模型分析,箱梁腹板的竖向应力场比较均匀,只有在一些局部如竖向预应力锚固端附近,以及梁的固定端附近有一些应力集中现象。因此在利用公式进行竖向徐变应变简化计算时,可以作以下假定:

(1)假定腹板竖向应力场为均匀的,忽略竖向预应力锚固端应力不均匀的情况以及本梁段竖向预应力张拉完成以后各工况对竖向应力场的影响。

(2)箱梁腹板受力可等效为受均布力的情形,竖向预应力张拉完成后混凝土竖向初始弹性应变为:

$$\varepsilon_e = \frac{q}{E} \tag{11-1}$$

$$q = P/A$$

式中:P——张拉力扣除锚固损失后剩余的力(双排布置时取张拉力的两倍);

E——混凝土弹性模量;

A——换算截面面积,即图 11-1 中阴影部分中混凝土净截面面积和预应力筋截面面积换算成混凝土的截面面积(左边为单根布置,右边为双根布置)。

$$A = \left(1 + \frac{E_y}{E_h}\right)A_h \tag{11-2}$$

在以上假定的基础上,公式可简化为:

$$\sigma_{l6}(t) = \frac{0.9[E_p\varepsilon_{cs}(t,t_0) + \alpha_{EP}q\varphi(t,t_0)]}{1 + 15\rho} \tag{11-3}$$

式中符号含义参见《公路钢筋混凝土及预应力混凝土桥涵设计规范》(JTG D62—2004)。

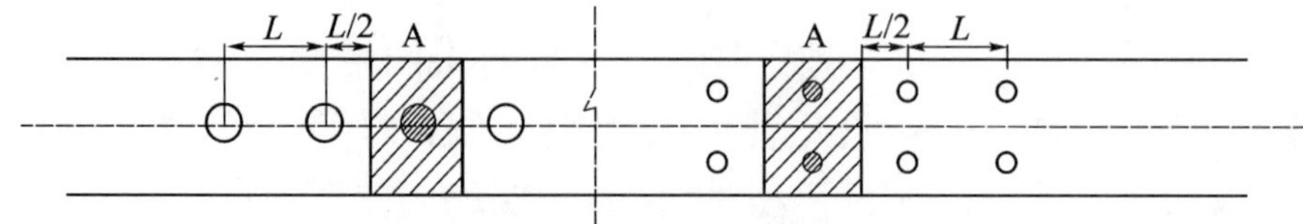

图 11-1 换算截面面积

11.3 结构计算

11.3.1 箱梁基于平面计算的空间效应修正主要分为两个步骤：

（1）通过空间效应系数进行修正，这一部分主要包括平面模型可以较好计算的成桥状态、体系温差和温度梯度；

（2）通过提供绝对应力值来估计平面模型不能很好计算的内外温差、结构顶底板横向正应力和腹板竖向正应力，即在通过步骤（1）调整荷载效应的同时，通过荷载组合后应力储备的限制来进行步骤（2）的调整。

11.3.2 横向应力应包括汽车、温度、弯束径向力等荷载产生的应力。采用空间分析时应采用混凝土多轴应力强度进行校核。计算的主应力值不得大于混凝土的多轴强度值。根据国内外试验情况及预应力箱梁受力特点在修正 Mohr-Coulomb 破坏准则的基础上制定本二轴应力限值。

11.3.3 图 11-2 为一个按“板”分割的箱梁截面，即一个箱梁截面可以分为顶板、底板和若干块腹板。每一个“板件”分为上缘、下缘和中间层三层应力，产生应力的主要结构效应和各构件及构件各方向的设计受力状态见表 11-1。建议设计时验算表 11-1 中以黑体表示的 9 个指标应力。

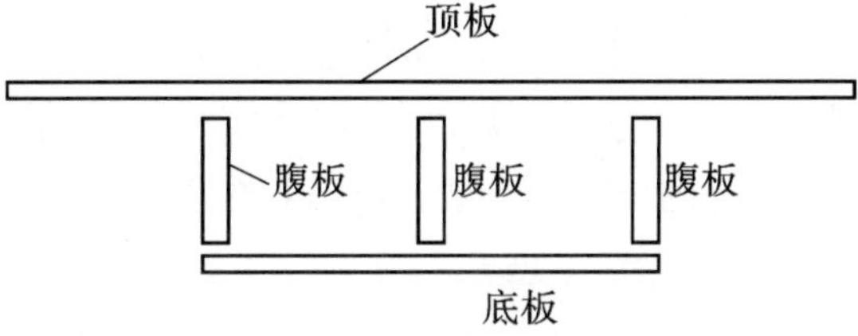

图 11-2 由“板”表达的单箱双室箱梁截面

表 11-1 一个混凝土单箱单室箱梁截面的空间应力状态

构件/受力方向	部位	需要关注的应力	产生应力的主要结构效应	现行设计的考虑
箱梁顶板/纵向面外	**上缘**	正应力	反映结构的整体效应（弯、轴力）	在现行设计计算中表现为“截面上缘应力”
	下缘			
箱梁顶板/横向面外	**上缘**	正应力	桥面板计算，为单向板，故主要承受包括车辆活载的局部效应（局部弯矩）	在现行设计计算中表现为“桥面板截面横向上下缘应力”
	下缘			
箱梁顶板/面内	**中间层**	主应力	反映结构的整体效应（弯、轴力、剪、扭）	顶板的二维应力在现行设计计算中没有表现
箱梁底板/纵向面外	上缘	正应力	主要反映结构的整体效应（弯、轴力）	在现行设计计算中表现为“截面下缘应力”
	下缘			
箱梁底板/横向面外	**上缘**	正应力	反映横向框架效应，特别是在变截面梁底板内布置的纵向预应力钢束会对底板产生“外崩力”（局部弯矩）	横向框架效应和底板外崩力均需要另外建模近似计算
	下缘			

续上表

构件/受力方向	部位	需要关注的应力	产生应力的主要结构效应	现行设计的考虑
箱梁底板/面内	**中间层**	主应力	反映结构的整体效应(弯、轴力、剪、扭)	底板的二维应力在现行设计计算中没有表现
箱梁腹板/面外	内侧	正应力	腹板面外应力由箱梁畸变、顶底板受力传递或内外侧温差产生	横向框架计算需要另外建模近似计算
	外侧			
	中间层	主应力	主要反映结构的整体效应(弯、轴力、剪、扭)	在现行设计计算中表现为“腹板主应力”

表11.3.3囊括了箱梁截面的受力情况,表11-1更是总结了其中应该关注的9个指标应力。其中,面内二维应力是由整体荷载产生的;面外一维应力是由局部荷载产生的。而且必须注意到:顶板面内二维应力、底板的面内二维应力和腹板的面内二维应力是形成主拉应力的,这些构件都是抗剪构件。由于顶板通常配有横向预应力钢束,抵消了主拉应力,故顶板的面内主拉应力一般问题不大,在现行设计计算中容易忽略的是底板的面内二维应力。对于一维面外应力,同样是底板容易被忽略,特别是在大跨度变截面预应力混凝土梁式桥中,预应力钢束对底板产生的“外崩力”会导致底板下缘纵向裂缝的发生。

本指南认为,在设计计算中检查了这9个指标应力,就可避免箱梁全断面的主拉应力开裂和受弯开裂。

11.4 构造与抗裂措施

11.4.3 预应力用于控制横隔板温度及收缩效应时,预应力作用方向上的横隔板断面有效压应力应不小于0.75MPa。

11.4.5 箱梁腹板和横隔板的开裂问题可近似作为平面应力问题进行分析,混凝土开裂后原来由混凝土和钢筋共同承担的主拉力全部转由钢筋承担,此时钢筋中应力达到其屈服强度。据此建立平衡方程,并依据开裂前钢筋与混凝土协同变形的关系得到腹板和横隔板的最小配筋率公式,参见式(11-4)。根据常用钢筋级别和《公路钢筋混凝土及预应力混凝土桥涵设计规范》(JTG D62—2004)计算各等级混凝土的最小含筋率,参见表11.4.5-1[采用《公路钢筋混凝土及预应力混凝土桥涵设计规范》(JTG D62—2004)的材料规定,按HRB335级钢筋计算]。

$$u_{xy\min}=\frac{A_{sx}+A_{sy}}{A_c}=\frac{2}{\dfrac{f_{sk}}{f_{td}}-\dfrac{\sqrt{2}}{2}\cdot\dfrac{E_s}{E_c}} \tag{11-4}$$

式中:A_{sx}、A_{sy}——水平x、竖直y方向钢筋截面面积;

A_c——混凝土截面面积;

f_{sk}——钢筋轴心抗拉标准强度；

f_{td}——混凝土轴心抗拉设计强度；

E_s、E_c——分别为钢筋和混凝土的弹性模量。

顶板中出现的纵向裂缝，是由于顶板横向受弯引起的弯曲裂缝。考虑使截面最小横向配筋率为 u_{min} 的钢筋混凝土板，它在破坏时所能承受的弯矩 M_P 应不小于同样截面的素混凝土梁的开裂弯矩 M_f。据此原则并考虑到顶板的上下两层钢筋按相同的布置有：

$$u_{min}=2\times u'_{min}=2\times\frac{A_s}{b\cdot h}=2\times0.22\cdot\frac{f_{td}}{f_{sk}}=0.44\cdot\frac{f_{td}}{f_{sk}} \tag{11-5}$$

式中：A_s——钢筋截面面积。

根据常用钢筋级别和《公路钢筋混凝土及预应力混凝土桥涵设计规范》(JTG D62—2004)计算各等级混凝土的最小含筋率，参见表 11.4.5-2[采用《公路钢筋混凝土及预应力混凝土桥涵设计规范》(JTG D62—2004)的材料规定，按 HRB335 级钢筋计算]。底板横向含筋率参照顶板。

顶板、底板中横向裂缝的出现，对于箱梁整体结构而言属于弯曲裂缝的范畴，但将顶板、底板单独取出来进行隔离体分析时，可近似认为其开裂是平面应力问题。考虑混凝土开裂后原来由混凝土和钢筋共同承担的力全部转由钢筋承担，且此时钢筋中应力达到其屈服强度。根据此原则并依据开裂前钢筋与混凝土协同变形的关系得到顶板、底板最小纵向含筋率公式，参见式(11-6)。根据常用钢筋级别和《公路钢筋混凝土及预应力混凝土桥涵设计规范》(JTG D62—2004)计算各等级混凝土的最小含筋率，参见表 11.4.5-3[采用《公路钢筋混凝土及预应力混凝土桥涵设计规范》(JTG D62—2004)的材料规定，按 HRB335 级钢筋计算]。

$$u_{min}=\frac{A_s}{A_c}=\frac{1}{\dfrac{f_{sk}}{f_{td}}-\dfrac{E_s}{E_c}} \tag{11-6}$$

根据国外的一些经验，箱梁普通钢筋的配置量，对于无横向预应力的悬浇箱梁为 130 ~ 170kg/m^3，对于使用横向预应力的悬浇箱梁为 110 ~ 130kg/m^3。这些可作为普通钢筋配置量的参考。

11.4.6 多层曲线预应力束的最小间距构造规定参考 BS 5400-4：1990 Appendix D：*Cover and Spacing of Curved Tendons in Ducts for Prestressed Concrete* 及 ASBI 的 *Guide Specifications for Design and Construction of Segmental Concrete Bridges* 确定。曲线束间距尚应按《公路钢筋混凝土及预应力混凝土桥涵设计规范》(JTG D62—2004)计算确定。

12　箱梁下挠控制

12.0.1　《公路钢筋混凝土及预应力混凝土桥涵设计规范》(JTG D62—2004)给出了桥梁挠度的计算、验算内容,包括受弯构件的挠度计算方法、刚度计算方法、长期挠度值的计算及限值规定、反拱值计算和设置规定,以及过大反拱的危害等。这些都是针对正常使用极限状态下所有桥梁提出的条文。大跨径预应力混凝土梁桥近年来的实践经验表明,出现非正常下挠的可能性比较大,如虎门大桥,如不加以改进或采取预防措施,将严重影响桥梁的正常使用,更甚者会出现桥梁垮塌的严重事故。

12.0.2　桥梁设计参数是影响挠度计算结果的直接因素,桥梁成桥后的线形是施工及验收的标准之一,合理的施工预抛高值是保证成桥线形的前提条件。桥梁在汽车荷载作用下或产生下挠或产生上拱,但其最大值应符合规范规定。设置预抛高值的主要目的是保证桥梁的安全性、舒适性和适当的美观,因为人们普遍认为适当上拱的桥梁比较安全,且所有桥梁垮塌开始的先兆都是跨中下挠、开裂。

简支梁在均布荷载作用下的跨中挠度为:

$$\mu=\frac{5ql^4}{384EI} \tag{12-1}$$

简支梁在跨中集中荷载作用下的跨中挠度为:

$$\mu=\frac{Pl^3}{48EI} \tag{12-2}$$

式中:μ——跨中挠度;

q——均布线荷载;

P——跨中集中荷载;

l——跨径;

EI——抗弯刚度。

桥梁结构的结构布置和荷载等形式多样,结构挠度没有统一的计算公式,但其跨中挠度计算基本符合式(12.0.2)。

12.0.3　本条说明了大跨径梁桥挠度计算的常规方法,并提出了两种计算程序相互校核的要求,这也是当前大桥设计常用的方法之一。

12.0.4　大跨径预应力混凝土梁桥挠度的影响因素包括截面斜率、剪切变形及剪力滞、混凝土收缩、徐变、预应力损失、普通钢筋等,其中部分因素已经反映在结构力学中的挠度公式中,但也有部分仍有待研究。另外,实际车辆荷载的影响和桥梁所在环境变化的影响也是桥梁挠度发展的主要因素。桥梁的挠度计算采用了一系列假定的前提条件,其中包括符合设计的实际结构尺寸、线形和材料特征参数,还包括从没有车通行到超越设计车辆荷载模型的有限超载状态等,因而计算结果和实际之间的差异是难以避免的。为了达到桥梁在设计使用期内正常使用的目的,设计应考虑一些预留的上拱,并根据实际施工情况调整或修正设计参数,设立长期观测站检查桥梁的环境变化、材料变化和荷载变化,以做到及时发现问题、提出问题、解决问题、长期保证正常使用的目的。

12.0.6 铁木辛柯、麦迪林等研究了剪切变形对结构挠度的影响,可参见相关文献资料。

12.0.7 大跨径混凝土梁桥中的永存预应力损失是影响桥梁正常使用状态下下挠非正常发展的重要因素,除考虑规范规定的损失外,还应考虑钢束锈蚀造成的损失。

13 抗震设计

13.1 一般规定

13.1.1 随着人类对地震以及结构地震反应的不断认识,结构的抗震设计思想也在不断发展和完善。结构的抗震设防标准从早期的单一设防水准发展到了现在普遍认同的多级抗震设防,“小震不坏,中震可修,大震不倒”的抗震设计思想在许多国家的抗震设计规范中已经得到了体现,如我国的《建筑抗震设计规范》(GB 50011)、《铁路工程抗震设计规范》(GB 50111)以及《公路桥梁抗震设计细则》(JTG/T B02-01)等。

13.1.3 桥位选在抗震设防烈度较低和对抗震有利的地段,对减轻公路桥梁的地震破坏,保证运输畅通,降低设防费用都有很大的作用。

同时,由于砂土液化、地基下沉、岸坡滑移或开裂能够引起基础破坏。因此,对基础采取加强措施是非常有必要的。

13.1.4 抗震设计应以不中断行车,或者次要构件损坏经抢修后可继续通车为目的,即在保证主要承重构件具有足够的强度和稳定性的同时,桥梁结构应具有易修复性。根据以往的震害经验,桥位选择、总体布置、结构体系、材料、承重构件(桥墩台)的结构形式以及构件、节点、接头的构造和减震措施等,对降低桥梁的震害具有非常重要的作用,设计中应充分加以重视。

大量的震害表明,基础震害常使桥梁的修复、加固十分困难,甚至无法修复。因此,对于地震区(特别是8度及以上地区)桥梁在场地选择和基础设计时应倍加重视。

13.1.5 大量震害研究表明,要重视桥梁抗震概念设计,选择较理想的抗震结构体系;要重视延性抗震,用能力设计思想进行抗震设计;要重视支承连接部位的设计;要重视采用减隔震措施提高结构的抗震能力。

13.2 地震作用

13.2.1 地震地面运动在时间和空间上都具有高度的变化性,在一般的结构地震反应分析中,往往只考虑它们的时间变化性,而不考虑它们的空间变化性。然而,大跨度梁桥的各支承点可能位于显著不同的场地土上,由此导致各支承处输入地震波的不同,在地震反应分析中就要考虑多支承不同激励,简称多点激振。即使场地土情况变化不大,也可能因地震波沿桥纵轴向先后到达的时间差,引起各支承处输入地震时程的相位差,简称行波效应。欧洲桥梁抗震设计规定,当桥长大于200m并且有地质上的不连续或明显的不同地貌特征,或桥长大于600m时,要考虑空间变化的地面运动特征。因此,有条件时可进行多点非一致激励的抗震分析。

13.2.2 当进行多点非一致激励的地震响应分析时,宜采用位移时程作为输入。

结构的动力特性与结构的自振周期和地震时程输入的频谱成分关系非常密切。由于大跨度梁桥的基本周期往往较长,因此第一阶振型的贡献非常重要,提供的加速度时程或反应谱曲线的频谱应包括含第一阶自振周期的长周期成分。

13.3 地震反应分析

13.3.1 反应谱法概念简单、计算方便,可以用较少的计算量获得结构的最大反应值。国内外许多学者对反应谱法进行了大量研究,并提出了许多振型组合方法。其中最简单而又最普遍采用的是SRSS(Square Root of Sum of Squares)法。该法对于频率分离较好的平面结构具有很好的精度,但是对于频率密集的空间结构,由于忽略了各振型间的耦合项,故时常过高或过低地估计结构的反应。1969年,Rosenblueth和Elorduy提出了DSC(Double Sum Combination)法来考虑振型间的耦合项影响,之后Humar和Gupta又对DSC法进行了修正与完善。1981年,E. L. Wilson等人把地面运动视为一宽带、高斯平稳过程,根据随机过程理论导出了线性多自由度体系的振型组合规则CQC(Complete Quadratic Combination)法,较好地考虑了频率接近时的振型相关性,克服了SRSS法的不足。

13.3.2 一组时程分析结果只是结构随机响应的一个样本,不能反映结构响应的统计特性,因此需要对多个样本的分析结果进行统计分析才能得到可靠的结果。

13.3.3 桥梁结构的刚度和质量分布、阻尼特性及边界条件决定了结构本身的动力特性。由于大跨度梁桥动力特性的复杂性,采用简化计算方法不能正确地把握其动力响应特性,应该建立空间杆系有限元模型。正确地建立桥梁结构的动力空间模型是进行桥梁抗震设计的基础。对于多联梁桥,应建立不少于3联的有限元模型进行分析。

桥梁支承条件的变化,对其动力特性、内力及位移反应均有较大的影响。在进行地震响应分析时,需要合理模拟支座的实际工作性能。根据抗震设防原则,在E2地震作用下,容许结构出现塑性,发生损伤,因此,只有进行非线性时程分析才能比较真实地模拟结构的实际地震反应。

桩基础是建于软弱土层中的桥梁最常用的基础形式。桩—土—结构动力相互作用使结构的动力特性、阻尼和地震反应发生改变,而忽略这种改变并不总是偏安全的,因此在进行地震响应分析时,应考虑桩—土—结构相互作用。

河床冲刷深度变化对大型桩基桥梁的地震反应有很大的影响。随着冲刷深度的增加,桥梁结构的地震反应并不是单调减小。当在某一冲刷深度处边墩的自振频率接近地震波的卓越频率时,可能会出现共振现象,导致较大的地震响应。因此,截面的内力响应和承台底反力响应的最大值并不一定出现在一般冲刷层位或最大冲刷深度层位。

13.4 地震作用和效应组合

13.4.1~13.4.2 该条文既考虑了与《公路桥梁抗震设计细则》(JTG/T B02-01—2008)、《公路工程抗震设计规范》(JTJ 004—89)及现行的公路桥梁设计规范中验算的一致性,同时也考虑了大跨度梁桥的特殊性。

13.5 钢筋混凝土墩柱延性设计

13.5.1~13.5.3 能力保护设计原则的基本思想在于:通过设计,使结构体系中的延性构件和能力保护构件形成强度等级差异,确保结构构件不发生脆性的破坏模式。基于能力保护设计原则的结构抗震设计过程,应使地震中预期出现的弯曲塑性铰的合理位置易于修复,且结构不会发生脆性破坏模式。

13.5.4 为保证墩柱的延性变形能力,需要在结构形式及构造措施方面进行专门研究。参考国内外规范规定及已有的研究成果,对延性设计的桥墩,提出构造措施要求。

1 墩柱刚度出现突变时,易出现薄弱截面,可能引起结构的脆性破坏。

2 纵向钢筋对约束混凝土墩柱的延性有较大的影响,因此,延性墩柱中配筋率应适中。当纵向钢筋含量太高时,会影响墩柱的延性,同时也不利于施工。目前,各国抗震设计规范都对墩柱纵向配筋率进行了规定。其中,美国 AASHTO 规范(2004 版)建议的纵筋配筋率范围为0.01~0.08;我国《公路工程抗震设计规范》(JTJ 004—89)建议的最小配筋率为0.004。

同时,为了确保纵向钢筋和箍筋形成一整体骨架以约束核心混凝土,应对纵筋间距及箍筋固定作用进行规定。

3 主要是为了保证在地震荷载作用下,纵向钢筋不发生黏结破坏。

4~11 箍筋对墩柱延性影响很大,甚至在某种程度上依赖于箍筋配置的合理与否。大量的研究结果表明,箍筋的作用主要是提供横向约束,防止纵向受压钢筋的屈曲,使混凝土在发生开裂、破碎的情况下,不致因坍落、崩溃而引起桥墩的突然失效,从而充分利用竖向钢筋的变形能力,使塑性铰处产生足够的弹塑性变形,消耗地震能量。

由于表层混凝土保护层不受箍筋约束,在地震作用下会剥落,不能为箍筋提供锚固,因此,箍筋的连接应通过构造措施来保证可靠性。

13.6 桥梁减隔震设计

13.6.1 在桥梁抗震设计中,引入隔震技术的目的就是利用隔震装置在满足正常使用功能要求的前提下,达到延长结构周期、消耗地震能量、降低结构响应的目的。因此,对于桥梁的隔震设计,最重要的因素就是设计合理、可靠的隔震装置并使其在结构抗震中充分发挥作用,即桥梁结构的大部分耗能、塑性变形应集中于这些装置,允许这些装置在 E2 地震作用下发生大的塑性变形和存在一定的残余位移,而结构其他构件的响应基本为弹性。

但是,隔震技术的应用并不是在任何情况下均适用。对于基础土层不稳定、易于发生液化的场地、下部结构刚度小、桥梁结构本身的基本振动周期比较长等情况,不宜采用隔震技术。

同时,采用减隔震设计的桥梁变形通常比不采用减隔震技术的桥梁大。为了确保隔震桥梁在地震作用下的预期性能,在相邻上部结构之间应设置足够的间隙,且必须对伸缩装置、相邻梁间限位装置、防落梁装置等进行合理的设计,并对施工质量给予明确规定。

从桥梁减隔震设计的原理知,减隔震桥梁抗震的主要构件是减隔震装置,并且在地震中允许这些构件发生损伤。这就要求减隔震装置性能可靠,且震后可对这些构件进行维护或更换。此外,为了确保减隔震装置在地震中能够发挥应有的作用,也必须对其进行定期的检查和维护。

13.6.2 采用减隔震设计的桥梁是要通过在桥梁中安装必要的装置而达到减隔震目的。减隔震系统是由减隔震支座、减隔震用伸缩装置、撞落结构和连梁装置三大部分构成的。这三类装置的功能相互关联,不可缺失。

13.6.3 反应谱法是线弹性分析方法,方法简洁。在一定条件下,使用反应谱法进行减隔震桥梁的分析仍可得到较为理想的计算结果;尤其在初步设计阶段,可帮助设计人员迅速把握结构的动力特性和响应值。因此,反应谱法仍是减隔震桥梁分析中十分重要的分析方法。

但是由于目前大多数减隔震支座的非线性特性,在分析开始时,隔震支座的设计位移是未知的,因而其等效刚度、等效阻尼比也是未知的,所以弹性反应谱分析过程是一个迭代求解过程。正是由于隔震装置的非线性特性及其桥墩非线性特性的相互影响以及隔震桥梁响应对伸缩装置、挡块等防落梁装置的敏感性等因素,应采用非线性时程分析法对其进行考虑。

13.7 抗 震 措 施

13.7.1 在地震作用下,大跨度预应力混凝土梁桥梁端位移一般会比较大。因此,选用梁端伸缩装置时,应考虑地震作用下的梁端位移。在“5·12 汶川地震”中,伸缩装置的损坏较为普遍,合理的设置伸缩量尤为重要。

13.7.2 在“5·12 汶川地震”中,桥梁墩台帽宽度以及主梁与支承垫石间的搭接长度不足是落梁主要原因之一。

13.7.3~13.7.4 为了避免发生刚性碰撞,宜在主梁之间或主梁与桥台之间设置弹性衬垫。为了避免发生落梁,合理设计防落梁措施和限位装置。

13.7.5 横桥向梁体移位极易带来挡块破坏。“5·12 汶川地震”中挡块破坏非常普遍。由于挡块紧邻盖梁端部,许多挡块是撕裂性破坏。事实上,在水平地震力作用下,挡块是受力构件,仅对其进行构造设计是不恰当的,应适当提高挡块强度。

15 墩身施工

15.3 模板施工

15.3.3 翻模施工是指利用固定于上一节墩身顶部的模板支撑并定位待浇节段混凝土模板,完成下一节段混凝土浇筑。模板通常由3节模板组成,利用塔吊实现模板的逐节翻升。

墩身混凝土强度达到5MPa的时间与混凝土强度等级、温度均有关系。本条文参考《桥梁工程师手册》有关规定,偏安全地以C30混凝土在10℃、15℃、20℃气温下达到5MPa的时间与对应温度的乘积最大值600℃·h作为最小值控制。

15.3.4 爬模施工是指利用锚固于上一节段墩身的悬臂爬架,固定和调节待浇节段混凝土模板,完成下一节段混凝土浇筑。模板通常由爬架、导轨、液压顶升系统、模板系统组成,一般通过导轨和液压顶升系统实现模板沿已完墩身的逐节爬升。墩身上预留的锚固螺栓、爬锥等是爬模施工的最关键环节。

15.3.5 高墩施工需配备的主要设备一般有:塔吊、电梯和混凝土泵。高墩施工塔吊选型应考虑的因素包括:

(1)墩身施工模板、爬架的空间尺寸及安装荷载的要求;

(2)起吊荷载的要求;

(3)塔吊自身的拆除荷载及空间位置要求;

(4)方便墩身施工材料的垂直运输;

(5)施工电梯的安装荷载及平面位置影响;

(6)混凝土泵送部分设备荷载及平面位置影响;

(7)抗风性能等。

15.4 混凝土施工

15.4.7 在高墩施工中所采用的高扬程混凝土,其坍落度控制具体可参照以下指标:

(1)墩高小于100m:初始坍落度180~220mm、流动度450~550mm。

(2)墩高大于100m:初始坍落度200~210mm、流动度500~550mm。

(3)混凝土3h后坍落度不小于160 mm。

16　墩顶0号梁段施工

16.1　一般规定

16.1.1　预应力混凝土连续梁桥和连续刚构桥箱梁1号梁段是悬臂浇筑段的起始梁段,但当0号梁段长度达不到挂篮安装的要求时,可以将0号梁段和1号梁段整体一次浇筑,2号梁段作为悬臂浇筑的起始梁段。

0号梁段现浇施工所采用的方法:

(1)墩身高度在30m以内或设计有特别要求时,一般采用落地式支架进行0号梁段的施工。

(2)墩身高度大于30m或为水中墩身时,一般采用墩顶托架进行0号梁段的施工。

16.4　钢筋施工

16.4.2　对于"底板横向钢筋采用无接头钢筋"的要求是出于如下考虑:曲线底板在横向要承受较大的预应力钢束引起的径向力,同时要承受温度效应,并且底板横向通常未设预应力。

16.4.4　箱梁底板上下两层钢筋应采用带弯钩的钢筋钩住,横断面上架立钢筋应钩在最外侧钢筋上。这些要求施工单位往往不太重视,但对于预防底板开裂非常重要。

16.5　混凝土施工

16.5.1　0号梁段由于受力复杂,往往在根部和腹板位置容易开裂,因此该处的混凝土配合比设计以提高混凝土抗裂性为原则,钢纤维混凝土或聚丙烯纤维混凝土在一些桥梁中已有应用。

16.5.2　对于海洋环境下0号梁段采用高性能混凝土,是本指南的高标准要求。

有资料表明,水泥中C_3A的3d水化热分别是C_3S的3.7倍和C_2S的17.7倍,7d的水化热则分别约为C_3S的7倍和C_2S的37倍;C_3A的收缩率大约是C_3S和C_2S的3倍。为保证结合段混凝土的体积稳定性,本条规定水泥中的铝酸三钙(C_3A)含量不宜大于10%。

限制水泥的含碱量,主要是为防止发生混凝土碱集料反应。工程实践表明,不管集料是否存在碱活性,高含碱量都会引起收缩,导致混凝土开裂。美国垦务局的 R. Burrows 对此做过大量工程调查和试验研究验证,其他国家也有类似的研究和工程报道。Burrows 建议,为防止混凝土开裂,水泥中的碱含量应不超过 0.6% Na_2O 当量。

在实际工程中,水泥使用温度过高一方面促进了水泥水化,另一方面易带来混凝土用水量增加,影响混凝土施工质量。因此本条规定水泥使用温度不超过 60℃。

使用矿物掺和料的主要目的是为了提高混凝土体积稳定性和耐久性。目前常用的矿物掺和料包括粉煤灰、磨细矿粉和硅灰等。硅粉具有超细度、超高活性等特点,可迅速与水泥水化产生的 $Ca(OH)_2$ 反应,其过程释放大量的热,不利于混凝土温升和体积稳定性的控制,因此使用时需要试验论证。

粉煤灰可分为Ⅰ级、Ⅱ级和Ⅲ级,其品质会严重影响混凝土的性能。Ⅲ级粉煤灰细度偏大、含碳量过高,造成混凝土需水量大、坍落度损失加快,不利于混凝土施工;同时会影响混凝土抗渗、抗裂等耐久性能。所以,本条规定配制混凝土时,应首先注重粉煤灰的烧失量和需水量比,宜选用Ⅰ级粉煤灰。

磨细矿粉可分为 S105、S95 和 S75 三个等级,《用于水泥和混凝土中的粒化高炉矿渣粉》(GB/T 18046—2008)要求三个等级的粒化高炉矿渣粉的比表面积均应大于 $350m^2/kg$。《水运工程混凝土施工规范》(JTS 202—2011)中规定粒化高炉矿渣粉的比表面积均应大于 $400m^2/kg$。大量的研究资料表明,粒化高炉矿渣粉越细,活性越高;在一定掺量范围内,高细度的粒化高炉矿渣混凝土的水化温升随矿渣的掺量的增加而增大。从减少收缩开裂的角度考虑,磨细矿粉的比表面积控制在 $400 \sim 450m^2/kg$ 为宜,其他指标应符合国家标准现行《用于水泥和混凝土中的粒化高炉矿渣粉》(GB/T 18046)中 S95 级矿粉的规定。

本条规定了粗、细集料料源、质量和级配的选取原则。级配良好的粗集料间的空隙率较低,能够减少填充空隙的胶材用量,从而有利于混凝土体积稳定性。集料中含泥量过多对混凝土强度、体积稳定性、徐变、抗渗等性能将产生不利影响,尤其会增加混凝土收缩,使抗拉强度降低,因此需严格控制集料的含泥量。

现行《建设用卵石、碎石》(GB/T 14685),将卵石和碎石分为Ⅰ类、Ⅱ类和Ⅲ类。为保证混凝土的性能,应选择满足Ⅰ类要求的碎石。

不同集料的线膨胀系数存在较大差异,因此集料品种影响混凝土热膨胀系数;同时混凝土线膨胀系数与温度应力成比例关系,因此集料的线膨胀系数是影响混凝土抗开裂性能的重要因素。本条规定宜选用线膨胀系数较小的粗集料。

本条规定了细集料的级配选择要求。中粗砂指中砂范围内细度模数较大的细集料。根据本指南编写组的工程和试验经验,规定细度模数范围为 2.5 ~ 3.0,控制细集料含泥量不大于 1.0%。为防止混凝土中的钢筋锈蚀,严禁使用海砂。

本条规定了使用的外加剂类型和质量要求。混凝土减水剂品种规格众多、性能各异,由于聚羧酸减水剂综合性能良好,本条建议所选外加剂应为聚羧酸减水剂,其他性能符合现行《混凝土外加剂》(GB 8076)等国家和行业标准的要求。

16.5.3 混凝土每立方米用水量是控制混凝土耐久性的重要指标之一。混凝土每立方米用水量越低水泥水化后水泥石中的毛细孔率越低,从而可以提高混凝土的耐久性。混凝土配合比设计应在满足施工要求的条件下,尽量降低每立方米混凝土用水量。本条规定结合段混凝土每立方米用水量不宜超过160kg,同时为保证混凝土的施工性能,坍落度控制在180mm ±20mm,坍落扩展度大于或等于550mm。

混凝土的温升主要是由水泥水化热引起的。国内外资料表明,1m^3 混凝土中的水泥用量每增减10kg,其水化热将使混凝土的温度相应升降1℃。因此,为控制混凝土温升,避免混凝土开裂,应在满足设计、混凝土耐久性和施工的前提下使用矿物掺和料,尽量减少水泥用量。本条规定胶凝材料用量不宜超过550kg/m^3。

在严酷的环境下和重要工程时,常需要控制混凝土抗渗透性能。国内外现在常用的以美国ASTM C1202快速电量测定方法为基础的标准试验方法,如我国高速铁路建设时,也对混凝土提出了电通量的要求。试验结果表明,当电量小于1 000C时认为抗渗透性能优良。因此本条规定结合段混凝土56d电通量小于1 000C。

海洋环境下有氯盐侵蚀的混凝土抗渗透性能一般用氯离子在混凝土中的扩散系数表示。氯离子在混凝土中的扩散属于非稳态过程,其扩散系数通常与Fick第二定律相联系。根据杭州湾跨海大桥和金塘跨海大桥等工程对混凝土氯离子扩散系数的要求,本条规定结合段混凝土采用RCM法测试的56d氯离子扩散系数小于$2.0\times10^{-12}m^2/s$。

16.5.8 聚丙烯纤维、网状树脂纤维可提高混凝土表面抗开裂性能,钢纤维的掺入可提高混凝土的抗拉强度,有效地防止塑性收缩引起的开裂。但海工混凝土不应掺入钢纤维。

0号梁段混凝土防裂措施中,所采用聚丙烯混凝土的可参照如下具体技术要求:

(1)在混凝土中掺和聚丙烯纤维极为方便,无须改变原设计混凝土的配比,也不取代原设计的受力钢筋。一般情况下每立方米混凝土掺入量为0.6~1.2kg,纤维长度为15~19mm。

(2)延长混凝土搅拌时间。为保证它们在混凝土中的均匀分散,搅拌时间应比普通混凝土适当延长30~60s,搅拌时间达到120s以上。

(3)采用合理的投料搅拌顺序:聚丙烯纤维混凝土投料应先投入碎石,然后投入纤维,再投入砂搅拌120s,使纤维充分伸开、均匀分散,然后投入水泥和水搅拌均匀。

(4)夜间施工。为避免聚丙烯纤维混凝土在高温时产生裂纹,聚丙烯纤维混凝土宜在凌晨和夜间进行浇筑。

16.6 预应力施工

16.6.2 对锚头裂缝探伤检验、夹片硬度检验、"锚具—钢绞线"组装件的锚固性能试验,以及对锚圈口摩阻损失、千斤顶的内摩阻损失、管道摩阻、管道偏差系数等进行必要的测试工作,是对钢束的设计张拉力进行修正的重要措施。对于长束的张拉,测试工作尤其重要。

16.6.4 张拉纵向预应力时混凝土强度必须达到设计强度的 90% 及以上,混凝土龄期宜为 5 ~7d。这是因为混凝土加载龄期愈短,徐变系数越大。徐变在 7d 内发展速度较快,以后逐渐减慢;但考虑到目前国内工程建设对工期的要求,7d 的受力龄期往往很难保证,所以提出了宜为 5 ~7d 的受力龄期要求。

16.6.6 竖向预应力较短,预应力损失较大,宜采用二次张拉低回缩钢绞线锚固系统。当采用精轧螺纹钢筋时,应使"锚固数据化"。通常竖向预应力粗钢筋的锚固是以将螺母拧紧为控制标准,而新型预应力粗钢筋螺母锚固可以实现数据化,从而精确控制预应力大小,如图 16-1 所示。

图 16-1　新型预应力粗钢筋螺母锚固

16.6.11 推荐采用专用后张法预应力管道压浆材料,是由于施工单位现场管理参差不齐。而专用后张法预应力压浆材料是由水泥、高效减水剂、微膨胀剂、矿物掺和料等多种材料干拌而成,按一定比例与水混合均匀后即可使用,现场操作容易,质量可控。灌浆后不分层、不泌水,压浆密实,保护预应力钢筋不锈蚀,使后张预应力钢筋与整体结构连接成一体,确保应力有效传递。其特点为高流动性和可灌性,浆体可自由填充孔道的各个部位,保证充填密实,不留空隙;和易性好,流动性好而且保持时间长;不泌水,不会形成孔洞或者水囊,从而确保钢绞线完全被水泥浆体包覆,而不会使其暴露在潮湿的环境中被锈蚀;无收缩,具有微膨胀性能,硬化后结构致密,不收缩开裂,保证孔道充填密实;含高碱膨胀剂或铝粉为膨胀源的膨胀剂,也不含氯盐类、亚硝酸盐类或其他对预应力筋有腐蚀作用的外加剂。

17 悬浇梁段施工

17.1 一般规定

17.1.1 施工前应编制详细的施工实施细则。施工实施细则内容主要包括:工程概况、工程结构特点分析、工程施工的难点及重点、总体施工工艺、主要施工方法、资源配置、关键节点工期、组织机构、质量与安全保证措施等方面内容。编制安全技术实施措施的主要内容包括:安全风险点的分析及评估、安全应急预案、安全技术保障措施等方面内容。

17.1.2 挂篮使用前应编制试验大纲并进行荷载试验,检验挂篮的安全性,测定弹性变形量与荷载的对应关系,为立模的预抬量提供参考。

17.1.3 在通航河道上施工时,挂篮最低位置包括施工中的安全防护措施应在通航净空限界之上。

17.1.4 大跨度预应力混凝土梁桥上部构造施工阶段,应委托具有同类桥施工监控业绩的单位对桥梁线形和结构的应力、变形值、温度等参数进行监测、控制,以保证施工过程中结构应力及成桥线形符合设计要求。

17.1.5 一个梁段施工工期一般为9d,其中浇筑混凝土及养护5d(此时混凝土强度应达到设计强度的90%,气温低时应采取保温养护措施),穿束、张拉钢束1d,移动挂篮1d,立模、调整高程2d。

17.2 挂篮施工

17.2.1 挂篮形式按承重结构形式可分为菱形挂篮、梁式挂篮、斜拉挂篮等。挂篮一般由承重系统、锚固系统、行走系统、平台系统、模板系统以及调节装置和安全装置等部分组成。

挂篮行走方式可分几种情况:挂篮带着模板整体前移;挂篮整体前移然后模板系统前移;挂篮分离前移然后模板系统前移。推荐第一种方式,并在挂篮设计时就予以考虑。

挂篮设计时应优先选用挂篮与模板整体前移的方案,是为了保障施工操作安全,节省施工工期。挂篮后锚体系建议结合结构竖向预应力筋的布设综合进行考虑,是为了节省成本，安全可靠。

17.2.2 挂篮主要技术经济指标是施工挂篮自重（含模板）除以悬浇最大节段混凝土重量的比值，比值越小则越经济。设计值宜控制在0.3~0.5之间，若箱梁截面尺寸较大，构造复杂，比值最大不应超过0.7。施工中应根据工程实际情况综合比选后选用合适的比值。

17.2.4 对挂篮在混凝土浇筑状态下及行走状态下的安全性应会同设计部门共同进行相应的检算。完成挂篮的第三方计算校核工作。

1 最不利荷载组合即本指南17.2.3条规定的1+2+3+4+5+7和1+2+3+6作用组合。

2 挂篮设计宽度达到28m以上属于超宽挂篮，不能照搬以往的设计经验，故提出了对侧向刚度及横向稳定应着重进行相应的验算要求。

17.2.8 挂篮行走过程最易出现倾覆事故，往往是不按操作程序进行造成的。故严格操作程序至关重要。应编写详细的挂篮作业指导书并进行详细的技术安全交底。

在吊杆之外再附加一部分倒链葫芦，一旦吊杆断裂，倒链葫芦可作为安全储备。

17.2.9 荷载试验的目的是对挂篮设计、制作、安装的工作质量进行检验，通过检验发现并解决可能出现的有关问题，为悬浇梁段施工控制提供试验数据。

以往挂篮设计、试验均由施工单位自行完成，有的甚至不做试验。本指南提出了由桥梁设计单位、挂篮设计单位、挂篮施工单位共同进行试验，目的是形成监督制约机制。

17.3 模板施工

17.3.1 一般情况下内模不宜采用木模或竹胶板，目的是防止刚度不足而胀模。

考虑外观质量要求，外模宜使用接缝较少的整体式大块钢模板，提高模板的刚度，有效控制施工中模板的变形。若需冬季施工，附加在模板上的保温措施可采用在模板外侧包裹土工布、泡沫、通蒸气等措施。

17.4 混凝土施工

17.4.2 梁段的恒载重量误差对跨中下挠影响较大，混凝土的实际重度往往与设计计算用的重度有出入，通过混凝土配合比设计验证，可以对监控计算结果进行修正。

17.4.3 已浇筑梁段及现浇梁段上堆放施工用料、用具等，对监控计算结果影响较大。因施工需要无法避免时，应提供监控单位详细的荷载位置和重量，以便进行实际应力和变形分析。

17.4.4 混凝土浇筑过程加强梁段底模高程的监测，可及时发现施工中的异常现象并及时处理。

17.4.5 浇筑完成的梁段与正在浇筑的梁段温差过大，易产生约束温度裂缝，故规定两者温差不宜大于20℃。相邻两梁段浇筑的龄期差越短越有利，但从施工工序的角度考虑，规定不宜大于10d。

17.4.7 理论分析表明，超重对跨中长期下挠危害较大，应通过现场混凝土浇筑量及结构混凝土计算量进行对比，严格控制对称节段浇筑混凝土的数量。出现超重现象应及时进行解决处理，避免出现胀模及结构尺寸出现偏差的现象。

17.5 悬浇段接缝处理

17.5.1 混凝土梁段接缝的处理对新旧混凝土的结合非常重要，本条作了细化的具体要求。

18　边跨现浇段施工

18.1　一 般 规 定

18.1.1　施工支架未进行专门设计计算，凭经验往往易出现支架垮塌安全事故，故作此规定。

18.1.2　边跨现浇段混凝土受收缩徐变的影响，再加上昼夜温差的变化，由于混凝土与支架材料特性的不同，必然造成现浇段梁底与支架的变形不协调，从而可能产生过大的拉应力。为了避免上述因素的影响，在混凝土浇筑前确保现浇段梁底与支架模板之间能相对滑动，保证边跨合龙时现浇段能随原浇筑梁段自由伸缩，相当于释放了混凝土梁底的约束力。

18.1.3　施工所有临时性承重结构应从安全、经济、实用的角度出发，确保在施工过程中材料和结构不发生损坏或者破坏，从而不影响主体结构的正常施工。在浇筑混凝土之前，应对支架进行预压。当支架变形值超出允许范围值时，应停止主体结构的施工，对支架结构进行必要的加固。

在边跨现浇段施工过程中，应对现浇段梁体和施工支架的最不利位置进行施工监测控制。当最不利位置即将达到允许值时，应采取必要的措施对结构物进行加固，确保施工的正常进行或者梁体结构在使用期间的安全性。

18.2　边跨现浇段支架

18.2.1　支架根据材料和结构形式有不同的分类方式，但是选择何种支架形式，应综合考虑到各种因素的影响。从安全稳定性、环境要求、可循环使用等方面考虑，钢木混合支架和木支架由于变形不协调且变形大，不宜采用。

18.2.5　支架预压的目的：

(1)检验支架及地基的强度及稳定性，消除混凝土施工前支架的非弹性变形(消除整个地基的沉降变形及支架各接触部位的变形)。

(2)检验支架的受力情况和弹性变形情况，测量出支架的弹性变形，并作为设置预拱度的依据。

每个连接处的挤压值可参考:木材与木材间为1~3mm,木材与钢材间为1~2mm。

采用砂袋加载,由于雨淋后砂袋重度发生变化,国内曾出现过加载超重而垮塌的事故,应引起重视。

19　合龙段施工

19.1　一 般 规 定

19.1.2　混凝土的收缩徐变将对梁体结构，特别是超静定结构产生很大的影响，而在中跨合龙前采用静置不少于三个月和合龙后一个月再施加二期恒载的方法来消除其影响，对合龙段梁体的受力更为有利，有利于减少通车后跨中下挠等病害。本条规定高于现行强制规范要求，工期条件容许时建议采纳。

19.1.3　合龙段施工过程是结构体系由双悬臂静定结构变为超静定结构的过程，应严格按照设计要求的合龙顺序进行施工。设计无要求时，按对结构受力最有利的方法施工。

19.1.4　合龙应尽量在设计确定的温度下进行，同时亦选择在温度变化不大的时段内进行，以确保合龙段的梁体在未达到足够的强度前，不因温度的剧烈变化而受到来自于悬臂端梁体的拉力或压力，以免造成合龙段梁体结构的损伤。

19.1.5　合龙高差的基准是设计的计算成果或施工监控的目标值，应以此作为计算误差的标准值。

19.2　边跨合龙段施工

19.2.1　合龙段劲性骨架临时约束锁定方式：

（1）内外刚性支撑法：这种锁定措施是在箱梁顶板、底板表面预埋钢板，用刚度较大的型钢焊接或栓接在预埋钢板上，并在梁顶、底板中沿纵向设置内刚性支撑，这样通过内外刚性支撑共同锁定合龙口。

（2）仅设外（内）刚性支撑法：适合于悬臂梁长度不长，合龙时温度较低，温差较小，仅用外（内）刚性支撑就可抵抗温度变化产生的拉压力的情况。边跨用膺架法浇筑混凝土时，即可使用此方法。

（3）外（内）刚性支撑和张拉临时预应力钢束共同锁定法：用刚性支撑抵抗合龙段混凝土升温时产生的压力，用预应力钢束抵抗降温时产生的拉力。采用这方法，能保证合龙段在升、降温情况下的施工质量。

19.3 中跨合龙段施工

19.3.1 中跨合龙前,连续几天的环境温度变化观测是为了确定最佳的临时锁定时间。

19.3.3 由于施工季节的原因,环境温度可能无法满足设计确定的合龙温度,这时就需要采取对梁段施加水平顶推力的方法进行合龙,临时锁定装置可采用劲型骨架和张拉临时预应力索,在凌晨温度最低的时间进行顶紧,顶力的大小和位移应根据监控数据进行计算分析并由设计校核确定。

19.4 合龙段混凝土施工

19.4.1 应选择在一天中气温较低时(如夜间零点左右)浇筑合龙段混凝土,以保证气温上升时新浇混凝土在受压状态下达到终凝,在气温再次下降时合龙段混凝土已经具有一定的强度。

将混凝土强度等级提高一级,是为了使混凝土尽快达到设计张拉强度而尽早张拉,防止合龙段混凝土受拉而出现裂缝。

19.5 预应力施工

19.5.1 合龙段预应力钢筋分阶段张拉,是因为初始张拉后,可克服因温度引起的合龙段混凝土裂缝。

21 施工控制

21.1 一般规定

21.1.3 由于目前国内施工监控由业主直接委托,故规定的施工控制流程是目前国内参建各方的习惯性做法。而国外往往施工监控的责任在施工方,业主仅仅是通过第三方进行复核。

21.1.5 自适应控制的基本原理:通过施工过程中的反馈测量数据不断更正用于施工控制的跟踪分析程序的相关参数,使计算分析程序适应实际施工过程;当计算分析程序能较准确地反映实际施工过程后,以计算分析程序指导以后的施工过程。

21.2 施工监控实施

21.2.4 桥梁结构截面的应力监测(包括混凝土应力、钢筋应力等)是施工监测的主要内容之一,同时也是施工过程中的安全预警系统。若发现实际应力状态与理论(计算)应力状态的差别超限,就要进行原因查找和调控,使之在允许范围内变化。

运用于大跨结构的预应力筋的张拉效果是影响预应力构件力学性能的重要环节,对预应力张拉过程进行现场监测是必要的。结构预加力除对张拉实施双控(油表控制和伸长量控制)外,还必须考虑管道摩阻影响(对于后张结构)。

21.2.5 大跨度预应力混凝土箱梁顶板完全敞开,在阳光的直接照射作用下,温度急剧上升。由于混凝土传热性能差,在外表温度急变的情况下,内部温度变化存在明显的滞后现象,在结构内部形成很大的温差应力,对结构造成危害。在大跨度预应力箱梁特别是超静定结构体系中,温差应力甚至超过活载产生的应力,被认为是预应力混凝土桥梁产生裂缝的主要原因。本条要求在有代表性的晴天、多云天、阴雨天测量箱梁内部温度分布,以获得测点温度和环境温度随时间变化的曲线,和相同时间下测点温度沿箱梁高度的分布曲线,以分析温度对箱梁应力和挠度的影响。

附录 A　大跨径预应力混凝土梁桥主要开裂形式

西部交通建设科技项目《在用预应力和混凝土连续梁、连续刚构箱梁开裂成因及处置技术研究》曾进行箱梁裂缝全国调查。本附录对其调查成果进行了总结，列出了箱梁主要裂缝形式。

附录 C　混凝土抗裂性试验方法

C.3.1 ~ C.3.4　目前评价混凝土抗裂性能的试验方法主要有:水化热试验、绝热温升试验、收缩试验、环约束试验、平板约束试验和轴约束试验等。前三种是间接评价方法,后三种则为直接评价方法。

间接评价方法是通过检测影响混凝土开裂的因素来评价抗裂性能,这种方法的缺陷显而易见:混凝土的开裂是由很多因素共同影响的,单独考虑其中一个因素而不考虑其他因素影响会使试验结果存在片面性。混凝土的温升和收缩都会影响开裂,影响的程度必须结合混凝土的弹性模量、约束程度、应力、热膨胀系数和抗拉强度才能确定,仅仅知道温升和收缩值并不能评价混凝土的抗裂性能。

直接评价方法则通过检测混凝土的开裂行为(如开裂时间、开裂温度、开裂应力等)来评价抗裂性能。目前采用的研究混凝土、砂浆、净浆早期开裂敏感性的一些直接方法,如平板法、圆环法,虽然简单方便,但是用其来评价混凝土的开裂却有很大的局限性。在平板试验中,边缘约束的混凝土试件成型后几个小时,就用电风扇吹混凝土的表面,然后依据裂缝的时间、数量、长度和宽度等指标来评价混凝土的抗裂性。该试验显然对泌水量大的混凝土有利。此外,平板和圆环试验均是测试混凝土抗干缩开裂性能,没有考虑到水化热作用,与混凝土经历实际温度变化过程的测试结果会有差异。20 世纪 80 年代发展起来的温度应力试验机是研究混凝土开裂问题和检测混凝土抗裂性能的实用方法之一。这种试验方法可以同时考虑温度、约束、收缩和应力等多个关键因素的影响,根据试验结果就可以直观地了解和比较混凝土的抗裂性能,为混凝土配合比设计、大体积混凝土的施工和规范制定提供可靠的依据,并为评价不同品种水泥、掺和料及制订相应标准提供参考。

考虑到试验条件,本条推荐实验室开裂试验方法可参照中国工程建设标准化学会标准《混凝土结构耐久性设计与施工指南》(CECS 01—2004)(2005 年修订版)附录 A。但此试验方法不能用于定量分析混凝土开裂性能,只能用于不同原材料和配合比抗开裂性能的优选。在有条件的情况下,宜选用温度应力试验机评价混凝土的开裂性能。

附录 D 混凝土抗渗性快速测定方法

D.2.4 此处提出两种抗渗性快速测定方法,两种方法得出的结果单位并不一致。电通量法以电量指标来评定混凝土的抗渗性,得出的结果单位是库仑;而非稳态氯离子扩散法以外加电场作用下的氯离子渗透深度来评定混凝土的抗渗性,得出的结果单位是($\times 10^{-2}m^2/s$)。单位虽然不一致,但评价混凝土抗渗性的结论是一致的。

之所以提出两种方法,是因为一方面目前国内工程界两种方法并存,另一方面,两种方法有各自的优缺点,可以互补。对于电通量法,由于采用电量指标评定混凝土的抗渗性,对离子没有识别,因此在掺入无机离子型外加剂时,对结果影响较大。如混凝土掺入亚钙阻锈剂时,用电通量法结果反映混凝土抗渗性下降,这与实际不符。但电通量法又有方法简单,便于操作的优点。对于非稳态氯离子扩散法,因为只是识别单一氯离子的扩散深度,因此不受其他离子干扰。但是对于抗渗性非常好混凝土样本,例如高强度等级混凝土 2 ~3 年的取芯样,扩散系数在 $0.2 \times 10^{-2}m^2/s$ 以下,按照该方法得到的渗透深度过浅,人工测量渗透深度的偏差就比较大。但作为施工阶段的控制,这个方法还是非常适用的。

附录 H 运营期桥梁结构安全监测

H.0.3 环境风荷载是桥梁运营状态的主要荷载源,宜在桥梁中部位置设置风荷载监测装置,记录桥梁运营状态下风荷载的变化状况,当大桥环境风速达到一定不可接受的水平值时给出限速、封桥等预警警告。

对于混凝土箱梁,截面上的梯度温度对结构应力影响较大。为提高监测精度,消除温度对监测数据的影响,对控制截面所有监测应力的测点设置温度计。温度测量应在规定的时间内按照记录表格要求做详细的温度测量记录。

常用的挠度(位移)变形监测方法有 GPS 测定、连通管压力测试法等;应力监测的方法有埋入元件测试法和表面测试法等;基础沉降的测试可采用 GPS、水准仪、全站仪等;结构腐蚀性监测可采用阳极梯等传感器。